Der Poesiepfad –
Das Buch

Literarische Gesellschaft Arnsberg

**Landesbetrieb Wald und Holz
Nordrhein-Westfalen**

**Lehr- und Versuchsforstamt
Arnsberger Wald**

Impressum

Herausgeber:
Literarische Gesellschaft Arnsberg
Sauerstraße 6 · 59821 Arnsberg

Bildnachweis:
Dr. Jürgen Richter (LGA), Wolfram Blanke (LGA)

Gesamtherstellung:
becker druck, F. W. Becker GmbH, 59821 Arnsberg

ISBN 978-3-930264-79-7

Literarische Gesellschaft Arnsberg

Landesbetrieb Wald und Holz
Nordrhein-Westfalen

Lehr- und Versuchsforstamt
Arnsberger Wald

Inhaltsverzeichnis

Vorwort **Dr. Markus Meik**	6
Vorwort **Günter Dame**	8
Der Poesiepfad im Rumbecker Mühlbachtal	10
Das Mühlbachtal – Historische Anmerkungen	12

Frühling / Zitat – Henry David Thoreau — 15

Leben ist nicht genug – Christian Andersen	16
April – Rose Ausländer	17
Das Frühjahr – Berthold Brecht	18
Der Veilchenpflücker – Anna Löhn-Siegel	19
Vorzug des Frühlings – Johann Klaj	20
Es sind nicht die bunten Farben – Novalis	21
Im wunderschönen Monat Mai – Heinrich Heine	22
Leise zieht durch mein Gemüt – Heinrich Heine	23
Die Amseln haben Sonne getrunken – Max Dauthendey	24
Frühlingsahnen – Ludwig Thoma	25
Frühling – Hugo Ball	26
Scharbockskraut – Karl Heinrich Waggerl	27
Südlicher Frühling – Francesca Stoecklin	28
Vorfrühling – Rainer Maria Rilke	29
Abklingendes Aprilgewitter – Arno Holz	30
Frühlingslied – Ludwig Hölty	31
Der Frühlingskasper – Richard Fedor Leopold Dehmel	32

Sommer / Zitat – Peter Friebe — 33

Was gibt es schon im Leben – Noah Seattle	34
Liebe in der Fremde – Joseph Freiherr von Eichendorff	35
Sehnsucht – Joseph Freiherr von Eichendorff	36
Gefunden – Johann Wolfgang von Goethe	37
Lauter kleine goldene Sonnen – Hermann Löns	38
Sommerfrische – Joachim Ringelnatz	39
Schilflieder – Nikolaus Lenau	40
In dos Daich – Ferencz Miklos	41
Dreißig Grad – Kurt Tucholsky	42
Verregneter Sommer – Ulla Hahn	43
Sonett XVIII – William Shakespeare	44
Um Mitternacht – Eduard Mörike	45
Gestutzte Eiche – Hermann Hesse	46
Sommerbild – Friedrich Hebbel	47
Mittag – Theodor Fontane	48
Im Sommer – Wilhelm Busch	49

Herbst / Zitat – Prof. Dr. Dr. Hans-Peter Dürr 51
„Weisst du, dass die Bäume reden? – Tatanga Mani 52
Morgendliche Rede an den Baum Griehn – Bertolt Brecht 53
Gingo biloba – Johann Wolfgang von Goethe 54
Jetzt rede du! – Conrad Ferdinand Meyer 55
Niewelmuargen – Hugo Vosswinkel 56
Nebelmorgen – Ernst Hermes 57
Der Baum – Friedrich Schiller 58
Flugzeit – Rainer Brambach 59
Schlehen – Sarah Kirsch 60
November – Heinrich Seidel 61
Herbst – Georg Heym 62
O trübe diese Tage nicht – Theodor Fontane 63
Des alten Baumes Fluchgesang – Hoffmann von Fallersleben 64
Herbst – Theodor Storm 65
Herbstlich sonnige Tage – Emanuel Geibel 66
Herbsttag – Rainer Maria Rilke 67
Herbst – Kurt Tucholsky 68
Die Wälder schweigen – Erich Kästner 69
Der Herbst – Heinz Erhardt 70
Septembertag – Christian Morgenstern 71
Herbstbild – Christian Friedrich Hebbel 72
Oktoberlied – Theodor Storm 73
Im Herbst – Wilhelm Busch 74
Herbst – Hilde Domin 75
Der Sturm – Christian Felix Weiße 76
Der Sturm – Adelbert von Chamisso 77
Der Gewitterabend – Georg Trakl 78
Wolken – Hugo von Hofmannsthal 79
Die Geschichte vom fliegenden Robert – Heinrich Hoffmann 80

Winter / Zitat – Michelangelo 81
Advent – Rainer Maria Rilke 82
Wie der Schnee – Karl Krolow 83
Wintergemälde – Friederike Kempner 84
Winternacht – Gottfried Keller 85
Blick aus dem Winterfenster – Peter Huchel 86
Schneemusik – Yvan Goll 87
Die drei Spatzen – Christian Morgenstern 88
Erster Schnee – Christian Morgenstern 89
Winter – Heinrich Heine 90
Winteridylle – Satu 91
Vor einem Winter – Eva Strittmatter 92
Die Verscheuchte – Else Lasker-Schüler 93
Winter – Annette von Droste-Hülshoff 94

LGA Workshop für Erwachsene /

Zitat – Friedrich Wilhelm Nietzsche	95
Haikus – Rita Ahlborn	96
Der unbekannte Weg – Christel Reichel	97
im frühling irgendwann – Markus Schowe	98
Winterzeit – Carmen Donse	99
Winter-Schicksal – Wolfram Blanke	100
Der Eisteich – Wolfgang Boucsein	101
Winterimpressionen – Josef Dahme	102
Richt Euch! – Wilhelm K.H. Henze	103
Winterankunft? – Hannelore Moser	104
auf dich warten – Daniel Schnock	105
Trennung – Diethard Rekate	106
Winterwald – Eva Reuß-Richter	107

LGA Workshop für Kinder

	109
Spinnennetz – Luisa Horst	110
Blätter im Herbst – Lea Klemenz	111
Der Herbst – Eileen Ihme	112
Der Herbst – Lisa Simon	113
Die Natur – Anna-Maria Kolprekaj	113
Der Herbst ist da! – Katharina Nellius	114
Elfenfest – Theresa Kramer	115
Das Feenfest – Janine Heger	115
Der Herbst – Markus Waldecker	116
Der Herbst – Nicole Waldecker	116
Igel – Almuth Ewers	117
Der Kamillentee – Anna Lena Lehmkühler	118
Der Herbst – Stefanie Simon	118
Die diebische Möwe – Florian Cussen	119
Die Kastanie – Tom Nellius	119
Woher? Wohin? – Malte Mevissen	120
Die traurige Waschmaschine – Philipp Beleke	120
Sommerabend – Elisa Kräling	121
Die Klette – Lea Schowe	121
Die Trauerweide – Alina Hamm	122
Der Wurm im Apfel – Lea Wedepohl	123

Zitat – Mahatma Gandhi	124
Dichter und Denker	125
Quellenverzeichnis	128
Autorinnen und Autoren	133
Karten Poesiepfad	135

Vorwort

„Die Welt muss poetisieret werden." (Novalis)

„Die Welt muss poetisiert werden." – Zu diesem Programm des romantischen Dichters Friedrich von Hardenberg, der sich Novalis nannte, versucht dieses Bändchen einen Beitrag zu leisten. Es enthält eine Auswahl der Gedichte, die zwischen 2005 und 2008 auf dem Arnsberger Poesiepfad ausgehängt worden sind. Dabei spiegelt sich im Rumbecker Mühlbachtal in ganz unterschiedlicher Weise eine frühbürgerliche Natursehnsucht in ihren spätbürgerlichen Erscheinungsformen. Die Natur, speziell der Wald, erweist sich dabei oft als idealer Rückzugsort vor der Dauerhektik und dem grauen Gerinnsel des normalen Alltags.

Dr. Markus Meik und Wolfram Blanke vor der Poesiepfad-Tafel

Die Textauswahl ist ausgesprochen disparat und reicht von Chamisso, Goethe, Eichendorff, Heine, Brecht und Ulla Hahn bis hin zu jugendlichen und erwachsenen Teilnehmern an von der Literarischen Gesellschaft Arnsberg durchgeführten Workshops. Die Kapitelfolge orientiert sich an der Abfolge der Jahreszeiten, die auch nach wie vor den Rhythmus vorgeben, in dem jeweils neue Gedichte ausgehängt werden.

Diese Mischung aus Literatur und Landschaft bietet Eskapismus im besten Sinne des Wortes und weitet den Horizont. Wir wollen uns mit diesem Büchlein auch von einer Art der Gedichtlektüre verabschieden, die uns in Schüler verwandelt, so als hätten wir eine Prüfung, gar ein Abitur vor uns. Wir gehen davon aus, dass es die einzig richtige Art, ein Gedicht zu lesen, nicht gibt. So viele Köpfe, so viele Lesarten, eine richtiger als die andere.

„Jeder Leser ist letztendlich ein Leser seiner selbst." Im Sinne dieses Mottos von Marcel Proust wünsche ich allen viel Lesespaß. Dabei kann der Weg (zunächst) nach innen gehen, sollte aber auch zu einem Besuch des Poesiepfades animieren.

Arnsberg, im September 2009

Dr. Markus Meik
(1. Vorsitzender der LGA)

Vorwort

„Weißt du, was ein Wald ist?
Ist ein Wald etwa nur zehntausend Klafter Holz?
Oder ist er eine grüne Menschenfreude?"
(Bertolt Brecht)

Wald ist nicht nur Wirtschaftsraum und Arbeitsplatz, Ökosystem und Schutzgebiet. Wald tut darüber hinaus der Menschenseele gut. Forstwirtschaft, Naturschutz und die Erholung des Menschen sind miteinander vereinbar. Das zeichnet unsere Wälder in Deutschland seit langem aus.

Hier bei uns im Sauerland ist der Wald landschaftsprägend und für die Menschen ein unübersehbares, ein lebendiges Stück Heimat. Den ökonomischen Wert des Waldes können wir mit den amtlichen Waldbewertungsrichtlinien jährlich aktuell ausrechnen. Seinen Wert für die Erholung und Freude des Menschen kann nicht kalkuliert werden. Dieser Wert kann aber nicht hoch genug eingeschätzt werden.

Die Kunst im oder über den Wald erweitert den Blickwinkel auf denselben. Sie macht seine emotionale Qualität besonders gut erlebbar. Die Poesie hilft, neben den visuellen Eindrücken des Einzelnen, die Ästhetik des Waldes intensiv zu erfahren.

Im Mühlbachtal zeigt sich die Natur mit über 140 verschiedenen Pflanzenarten besonders vielfältig. Diese Vielfalt des Waldes in den verschiedenen Jahreszeiten erleben jedes Jahr Tausende von Waldbesuchern. Angesprochen durch den Pfad der Poesie findet der ein oder andere vielleicht auch den Weg in die Natur selbst.

Für das Forstamt und für die Stadt Arnsberg ist der Poesiepfad zu einer echten Attraktion der stillen Walderholung geworden. Ich wünsche dem Pfad weiterhin viele Besucher aus nah und fern, die hier bei uns den Wald und immer neue Facetten der Kunst erleben wollen. Denn wie große Wälder schier unendlich erscheinen können, sind auch die Möglichkeiten der Poesie grenzenlos.

Günter Dame
Landesbetrieb Wald und Holz NRW
Lehr- und Versuchsforstamt Arnsberger Wald

Der Poesiepfad im Rumbecker Mühlbachtal

Anmerkungen zu seiner Geschichte: Literatur und Natur

Die Idee, Poesie durch eine Präsentation in der Landschaft neue Seiten abzugewinnen und sie ins Gespräch zu bringen, zumindest aber zu Wort kommen zu lassen, hatte Förster Wolfram Blanke. Im Rahmen eines Frühlingssalons der LGA beschlossen er und Dr. Markus Meik, im historischen Rumbecker Mühlbachtal an zwanzig verschiedenen Stellen Gedichte auszuhängen, die jeweils einen Bezug zu Landschaft und Jahreszeit aufweisen sollten. „Und dieses Experiment erlebt im nächsten Jahr sein fünfjähriges Jubiläum", freuen sich die beiden Initiatoren.

„Die Poesie fordert uns zum Innehalten auf. Wir lesen Gedichte, die mit der Natur auf unserem Poesiepfad korrespondieren. Die Tafeln mit den Gedichten stehen an höchst unterschiedlichen Plätzen. Gehen Sie nicht achtlos vorbei. Nehmen Sie die Vielfalt von Arten, Formen und Farben der Pflanzen unter dem Einfluss von Licht und Schatten wahr. Hören Sie den Wald flüstern, den Bach rauschen und die Vögel zwitschern. Entdecken Sie Düfte, die Ihnen bisher nicht aufgefallen sind.

Sich in der Natur zu ergehen, setzt bei uns tiefe Empfindungen frei. Dichter lassen sich von jeher durch Beobachtungen in der Natur inspirieren. In den Texten drücken sie ihre Empfindungen aus und gehen dabei der Natur auf den Grund.

Lassen Sie sich davon anstecken!

Literatur vertieft Naturerkenntnis.
Gleichzeitig beruhen viele Werke der Dichter auf Naturbetrachtungen. Als Waldbesucher können sie die Schönheit niedergeschriebener Gedanken mit allen Sinnen aufnehmen und vertiefen. Möglicherweise findet sich auch ein Text, der zu Ihren eigenen Empfindungen passt.
Natur vertieft Literaturverständnis."

So steht es in der am Beginn des Poesiepfades ausgehängten Beschreibung. Damit ist eigentlich alles gesagt über diese geglückte Zusammenarbeit der Literarischen Gesellschaft Arnsberg und des Lehr- und Versuchsforstamtes Arnsberger Wald im Landesbetrieb Wald und Holz.

Das Mühlbachtal – Historische Anmerkungen

Vegetation und Landschaft des Mühlbachtals bei Rumbeck stellen sich für den Besucher reizvoll und abwechslungsreich dar. Der Rundweg führt durch das alte Waldwiesental, das die Prämonstratenserinnen des nahen Klosters Rumbeck bereits vor 900 Jahren zu intensiver Holz-, Wasser- und Fischwirtschaft genutzt haben. Die von den Nonnen gepflegte Vielfältigkeit der hier erlebbaren Waldlandschaft hat bereits die preußischen Förster anlässlich der Säkularisation vor über 200 Jahren beeindruckt.

Die Dämme der Fischteiche zur Sicherung der Wasserversorgung lassen sich am Weg noch gut erkennen. Zusätzlich findet sich im Mühlbachtal noch eine Wasser-Sammelanlage in Form von Hangwassergräben, die vor 500 - 600 Jahren angelegt worden ist. Außerhalb Arnsbergs gibt es eine vergleichbare Anlage in Deutschland nur noch im Kloster Maulbronn. Das aus vielen Quellen im Hang kanalisierte Wasser leitete man in einen Sammelgraben, der den Wasserstand des obersten Teiches ergänzte. So stand auch bei niedrigem Wasserstand des Mühlbaches in Trockenzeiten eine bedeutende Wassermenge zur Verfügung.

Der Förster Udo Drost entdeckte 1992 diese Wasser-Sammelanlage, die im Jahr 1995 durch die Denkmalbehörden als Bodendenkmal unter Schutz gestellt wurde. Das untere Mühlbachtal selbst steht wegen seiner Artenvielfalt und der noch erkennbar historisch geprägten Wiesennutzung heute unter Naturschutz.

Frühling

*Der Frühling
ist eine echte Auferstehung*

Henry David Thoreau, 1817 – 1862

„Leben ist nicht genug!"
sprach der Schmetterling.

„Sonnenschein, Freiheit
und ein kleines Blümchen
muß man auch haben!"

Hans Christian Andersen, 1805 – 1875
(Aus: Der Schmetterling)

April

Da kommt er
wirft Luftlappen ins Gesicht
drückt Sonne auf den Rücken
lacht überlaut wickelt den
Park in grünen Taft zerreißt
ihn wieder stellenweise
pufft die Kinder spielt mit den
Röcken erschreckter Gouvernanten
drückt alle Regenhebel
macht los die Nordhunde von den Ketten und
läßt sie laufen nach Windlust

Ein toller Geselle
eine Art Eulenspiegel
auch gangsterhafte Gesten hat er
(jaja mein Lieber du
machst es uns nicht leicht
dich liebzuhaben)

und doch und doch
im großen und ganzen
ein prächtiger Kerl
dieser April

Rose Ausländer, 1901 – 1988

Das Frühjahr

1
Das Frühjahr kommt.
Das Spiel der Geschlechter erneuert sich
Die Liebenden finden sich zusammen.
Schon die sacht umfassende Hand des Geliebten
Macht die Brust des Mädchens erschauern.
Ihr flüchtiger Blick verführt ihn.

2
Im neuen Lichte
Erscheint die Landschaft den Liebenden im Frühjahr.
In großer Höhe werden die ersten
Schwärme der Vögel gesichtet.
Die Luft ist schon warm.
Die Tage werden lang und die
Wiesen bleiben lang hell.

3
Maßlos ist das Wachstum der Bäume und Gräser
Im Frühjahr.
Ohne Unterlaß fruchtbar
Ist der Wald, sind die Wiesen, die Felder.
Und es gebiert die Erde das Neue
Ohne Vorsicht.

Bertholt Brecht, 1898 – 1956

Der Veilchenpflücker

Sie sprach: „Ich möcht 'nen Veilchenstrauss
Gepflückt von Deiner Hand!"
Da ritt ich flugs ins Feld hinaus,
Bis dass ich Veilchen fand.
Mein Rösslein band ich an den Baum
Und bückte mich ins Gras,
Doch wie ich dort im Liebestraum
Recht emsig pflückend saß –

Da riss mein Pferd sich plötzlich los
Und nahm mit Hast Reißaus.
Ich fügte still mich in mein Los
Und sprach: 'S gilt ihrem Strauß!
Der Lohn ist süß, der meiner harrt,
Sie küsst die Veilchen gar,
Dann droht sie mir nach Schelmenart
Und reicht den Mund mir dar.

Dem Rosse folgt' ich lange Zeit
Und rief und lockte sehr.
Durch Wald und Wiesen lief ich weit,
Doch sah ich's nimmermehr.
Und finster ward's, ich kam nach Haus
Nach manchem Sprung und Sturz –
Was sagte Sie zu meinem Strauß?
„Die Stiele sind zu kurz!"

Anna Löhn-Siegel, 1830 – 1902

Vorzug des Frühlings

Im Lenzen da glänzen die blümigen Auen,
Die Auen, die bauen die perlenen Tauen,
Die Nympfen in Sümpfen ihr Antlitz beschauen.
Es schmilzet der Schnee,
Man segelt zur See,
Bricht güldenen Klee.

Die Erlen den Schmerlen den Schatten versüßen,
Sie streichen, sie laichen in blaulichten Flüssen,
Die Angel aus Mangel und Reißen beküssen.
Die Lerche, die singt,
Das Haberrohr klingt,
Die Schäferin springt.

Die Hirten in Hürden begehen den Maien,
Man zieret und führet den singenden Reihen,
Die Reihen, die schreien um neues Gedeihen.
Die Herde, die schellt,
Der Rüde, der bellt,
Das Euter, das schwellt.

Johann Klaj, 1616 – 1656

Es sind nicht die bunten Farben,
die lustigen Töne und die warme Luft,
die uns im Frühling so begeistern.
Es ist der stille weissagende Geist
unendlicher Hoffnungen,
ein Vorgefühl vieler froher Tage
des gedeihlichen Daseins so mannigfaltiger Naturen,
die Ahndung höherer ewiger Blüten und Früchte,
und die dunkle Sympathie mit der gesellig
sich entfaltenden Welt.

Novalis, 1772 – 1801
(Friedrich Freiherr von Hardenberg)

Im wunderschönen Monat Mai

Im wunderschönen Monat Mai
Als alle Knospen sprangen,
Da ist in meinem Herzen
Die Liebe aufgegangen.

Im wunderschönen Monat Mai,
Als alle Vögel sangen,
Da hab ich ihr gestanden
Mein Sehnen und Verlangen.

Heinrich Heine, 1797 – 1856

Leise zieht durch mein Gemüt

Leise zieht durch mein Gemüt
Liebliches Geläute.
Klinge, kleines Frühlingslied.
Kling hinaus ins Weite.
Kling hinaus, bis an das Haus,
Wo die Blumen sprießen.
Wenn du eine Rose schaust,
Sag, ich laß sie grüßen.

Heinrich Heine, 1797 – 1856

Die Amseln haben Sonne getrunken

Die Amseln haben Sonne getrunken,
Aus allen Gärten strahlen die Lieder,
In allen Herzen nisten die Amseln,
Und alle Herzen werden zu Gärten
Und blühen wieder.
Nun wachsen der Erde die großen Flügel
Und allen Träumen neues Gefieder,
Alle Menschen werden wie Vögel
Und bauen Nester im Blauen.
Nun sprechen die Bäume in grünem Gedränge
Und rauschen Gesänge zur hohen Sonne,
In allen Seelen badet die Sonne,
Alle Wasser stehen in Flammen,
Frühling bringt Wasser und Feuer
Liebend zusammen.

Max Dauthendey, 1867 – 1918

Frühlingsahnen

Wohlig merken unsre Sinne
Nun den Frühling allgemach,
Denn es trauft aus jeder Rinne,
Und es tropft von jedem Dach.
Leise regt sich im Theater
Dieser Welt ein Liebeston;
Nächtens schreien viele Kater,
Und der Hase rammelt schon.
So auch uns ergreift die Glieder
Wundersame Lebenskraft;
Selbst solide Seifensieder
Fühlen ihren Knospensaft.
Treibet das Geschäft der Paarung!
Lasset der Natur den Lauf!
Denn ihr wisset aus Erfahrung,
Einmal hört es leider auf.

Ludwig Thoma , 1867 – 1921

Frühling

So hast du in Behutsamkeit
Mit Lauben und mit Ranken
Den Garten meiner Nacht umsäumt
Jetzt lächeln die Gedanken.
Nun singen mir im Gitterwerk
Die süßen Nachtigallen
Und wo ich immer lauschen mag
Will mir ein Lied einfallen.
Die Sonne strahlt in deinem Blick
Und geht in meinem unter.
So schenkst du mir den schönen Tag
Ein mildes Sternenwunder.
So hast du meinen dunklen Traum
Durchleuchtet aller Enden
Und wo ich immer schreiten mag,
Begegne ich deinen Händen.

Hugo Ball, 1886 – 1927

Scharbockskraut

Gott schuf das Scharbockskraut: Indessen
den Bock dazu hat er vergessen,
weshalb das Kraut zwar grünt und sprießt,
jedoch vergebens,
weil niemand kommt, der es genießt.

Karl Heinrich Waggerl, 1897 – 1973

Südlicher Frühling

Zu rasch und farbensatt kommt er,
als daß wir seine Luft
mit zitterndem Verliebtsein spürten.
Wenn nicht die Mandelbäumchen
rosige Zartheit
wie kindliche Küsse
in den blauen Himmel hauchten,
wir würden alles schwer
wie Sommer fühlen.
Kamelien leuchten tödlich rot
aus düster glänzendem Laub,
und in Gewinden feiern
Rosen und Glycinientrauben
tausendfache Feste.
An weißer Mauer baden sich
die grünen Eidechsen
in gleißenden Strahlen.
Sie sind der Sonne zierlichste Getreue.
Und wo du gehst,
raschelt es von Getier.
- Dann in des Haines Schatten ruhend
schließen sich die sonnenmüden Lider.
Und um dich wogt
ein ewig wiederkehrendes Tönen,
von Mückensang und Blumenatmen.
Das hüllt dich ein
und trägt dich fort
auf seidigen Schwingen
in das Reich der wandellosen Schönheit.

Francesca Stoecklin, 1894 – 1931

Vorfrühling

Härte schwand. Auf einmal legt sich Schonung
An der Wiesen aufgedecktes Grau.
Kleine Wasser ändern die Betonung.
Zärtlichkeiten, ungenau,
Greifen nach der Erde aus dem Raum.
Wege gehen weit ins Land und zeigen's.
Unvermutet siehst du seines Steigens
Ausdruck in dem leeren Baum.

Rainer Maria Rilke, 1875 – 1926

Abklingendes Aprilgewitter

Aus grauem Himmel
sticht die Sonne.

Jagende Wolken, blendendes Blau!
Ins grüne Gras greift der Wind,
die Silberweiden sträuben sich.

Plötzlich - still.

Auf einem jungen Erlenbaum
wiegen sich blinkende Tropfen!

Arno Holz, 1863 – 1929

Frühlingslied

Die Luft ist blau, das Tal ist grün,
die kleinen Maienglocken blühn
und Schlüsselblumen drunter;
der Wiesengrund ist schon so bunt
und malt sich täglich bunter.
Drum komme, wem der Mai gefällt,
und freue sich der schönen Welt
und Gottes Vatergüte,
die diese Pracht hervorgebracht,
den Baum und seine Blüte.

Ludwig Hölty, 1748 – 1776

Der Frühlingskasper

Weil nun wieder Frühling ist, Leute,
streu ich butterblumengelber Kasper
lachend lauter lilablaue Asternblüten
hei ins helle Feld!
Lilablaue Astern, liebe Leute,
Astern blühn im deutschen Vaterland
bekanntlich bloß im Herbst.
Aber Ich, ich butterblumengelber Kasper,
streue, weil nun wieder heller Frühling ist,
tanzend tausend dunkelblaue Asternblüten
hei in alle Welt!

Richard Fedor Leopold Dehmel, 1863 – 1920

Sommer

Noch nie haben
sprudelnde Wasser,
lichtdurchflutete Wälder,
schattenspendende Bäume und
farbenprächtige Blumen
gefragt, ob wir ihre Wohltaten
verdienen.

Peter Friebe

Was gibt es schon im Leben, wenn man nicht den
einsamen Schrei des Ziegenmelkervogels hören kann,
oder das Gestreite der Frösche am Teich bei Nacht?
Ich bin ein roter Mann und verstehe das nicht.

Der Indianer mag das sanfte Geräusch des Windes,
der über eine Teichfläche streicht – und den Geruch
des Windes, gereinigt vom Mittagsregen oder schwer
vom Duft der Kiefern.

Die Luft ist kostbar für den roten Mann – denn alle Dinge
teilen denselben Atem – das Tier, der Baum, der Mensch –
sie alle teilen denselben Atem.

Der weiße Mann scheint die Luft, die er atmet,
nicht zu bemerken; wie ein Mann, der seit vielen Tagen
stirbt, ist er abgestumpft gegen den Gestank.

Aber wenn wir euch unser Land verkaufen,
dürft ihr nicht vergessen, dass die Luft uns kostbar ist –
dass die Luft ihren Geist teilt mit all dem Leben,
das sie enthält.

Der Wind gab unseren Vätern den ersten Atem
und empfängt ihren letzten. Und der Wind muss
auch unseren Kindern den Lebensgeist geben.

Und wenn wir euch unser Land verkaufen,
so müsst ihr es als ein besonderes und geweihtes
schätzen, als einen Ort, wo auch der weiße Mann spürt,
dass der Wind süß duftet von den Wiesenblumen.

Noah Seattle, 1786 – 1866
(Häuptling der Suquamish- und Duwamish-Indianer)

Liebe in der Fremde

Über die beglänzten Gipfel
Fernher kommt es wie ein Grüßen,
Flüsternd neigen sich die Wipfel
Als ob sie sich wollten küssen.

Ist er doch so schön und milde!
Stimmen gehen durch die Nacht,
Singen heimlich von dem Bilde –
Ach, ich bin so froh verwacht!

Plaudert nicht so laut, ihr Quellen!
Wissen darf es nicht der Morgen!
In der Mondnacht linde Wellen
Senk ich still mein Glück und Sorgen. –

Joseph Freiherr von Eichendorff, 1788 – 1857

Sehnsucht

Es schienen so golden die Sterne,
Am Fenster ich einsam stand
Und hörte aus weiter Ferne
Ein Posthorn im stillen Land.
Das Herz mir im Leib entbrennte,
Da hab ich mir heimlich gedacht:
Ach, wer da mitreisen könnte
In der prächtigen Sommernacht!

Zwei junge Gesellen gingen
Vorüber am Bergeshang,
Ich hörte im Wandern sie singen
Die stille Gegend entlang:
Von schwindelnden Felsenschlüften,
Wo die Wälder rauschen so sacht,
Von Quellen, die von den Klüften
Sich stürzen in die Waldesnacht.

Sie sangen von Marmorbildern,
Von Gärten, die überm Gestein
In dämmernden Lauben verwildern,
Palästen im Mondenschein,
Wo die Mädchen am Fenster lauschen,
Wann der Lauten Klang erwacht
Und die Brunnen verschlafen rauschen
In der prächtigen Sommernacht. –

Joseph Freiherr von Eichendorff, 1788 – 1857

Gefunden

Ich ging im Walde
So für mich hin,
Und nichts zu suchen,
Das war mein Sinn.

Im Schatten sah ich
Ein Blümchen stehn,
Wie Sterne leuchtend,
Wie Äuglein schön.

Ich wollt es brechen,
Da sagt' es fein:
„Soll ich zum Welken
Gebrochen sein?"

Ich grub's mit allen
Den Würzlein aus,
Zum Garten trug ich's
Am hübschen Haus.

Und pflanzt es wieder
Am stillen Ort;
Nun zweigt es immer
Und blüht so fort.

Johann Wolfgang von Goethe, 1749 – 1832

Lauter kleine goldene Sonnen

Lauter kleine goldene Sonnen
Leuchten aus dem Rasengrün,
Lauter große goldene Träume
Stolz in meiner Seele blühn.

Jeder Baum ist voller Blüten,
Jeder Vogel jubelt laut,
Jeder Halm und jede Rispe
Ist mit Tropfen schwer betaut.

Und ich gehe, Dein gedenkend,
Durch das taubeperlte Ried,
In den Augen feuchtes Glänzen,
In der Brust ein Frühlingslied.

Hermann Löns, 1866 – 1914

Sommerfrische

Zupf dir ein Wölkchen aus dem Wolkenweiß,
Das durch den sonnigen Himmel schreitet.
Und schmücke den Hut, der dich begleitet,
Mit einem grünen Reis.
Versteck dich faul in der Fülle der Gräser.
Weil's wohltut, weil's frommt.
Und bist du ein Mundharmonikabläser
Und hast eine bei dir, dann spiel, was dir kommt.
Und lass deine Melodien lenken
Von dem freigegebenen Wolkengezupf.
Vergiss dich. Es soll dein Denken
Nicht weiter reichen, als ein Grashüpferhupf.

Joachim Ringelnatz, 1883 – 1934

Schilflieder

Auf dem Teich, dem Regungslosen,
Weilt des Mondes holder Glanz,
Flechtend seine bleichen Rosen
In des Schlilfes grünen Kranz.

Hirsche wandeln dort am Hügel,
Blicken durch die Nacht empor;
Manchmal regt sich das Geflügel
Träumerisch im tiefen Rohr.

Weinend muß mein Blick sich senken;
Durch die tiefste Seele geht
Mir ein süßes Dein gedenken,
Wie ein stilles Nachtgebet.

Nikolaus Lenau, 1802 – 1850

In dos Daich, dos regungslose

In dos Daich, dos regungslose,
Schaugt dos ungorische Mond,
Glaichsam steckend saine Nose
In ain Glos - ist so gewohnt!

Wondelt Hirsch vorbai on Higerl,
Nocht ist etwos dunkel zwor,
Ober Hirsch ist stolz wie Gigerl -
Hirsch ist eben: Mogyor!

Wann ich seh dos, muß ich sogen:
Dos ist scheen: Teremtete!
Dos geht Ainem durch den Mogen
Wie ain haißer Nochtcoffee!

Ferencz Miklos
(Niémetz Lenau, Parodie auf Lenau)

Dreißig Grad

Das ist die Zeit der dicken Sommerhitze.
Das Thermometer kocht. Die Sonne strahlt.
Die gnädige Frau hats warm; ich Plebs, ich schwitze –
in blauen Badehöschen, eindrucksvoll bemalt.
Am hellen Strand läuft eine leichte Brise
und legt sich wieder – nein, das wird kein Wind.
Jetzt ist August, da hatten wir die Krise,
wie so die deutschen Sommerkrisen sind.
Da hinten badet eine fette Dame.
Es steigt das Meer, wenn sie ins selbe tritt.
Sag an, Sylphide, ist vielleicht dein Name
Germania? Nehm ich dich als Sinnbild mit?
Es rinnt der Sand. Da schleicht sich ein Vehikel –
wohl gar mit Butter? – übern Dünendamm.
Bei mir langts nur noch für den Leitartikel –
was Kluges bring ich heut nicht mehr zusamm.
Wie lang ist's her – da war in diesen Wochen
an angenehmer Weise gar nichts los.
Man hat nur faul den faulen Tag gerochen...
Heut kommen Kunz und Hintze angekrochen –
Du liebe Zeit, wie bist du heiß und groß!

Kurt Tucholsky, 1890 – 1935

Verregneter Sommer

Diesen Sommer seh ich
wie der Regen wirklich vom
Himmel fällt und strömt über
Bäume übern Farn übers Moos übers
Schneckenhaus bis ins Erdinnere.

Hahnenklee, Schwertlilien, Dotterblumen
plustern sich um verfächerte Bäche
und Tümpel. Überall drängen Flüsse und
Ströme an ihre Ufer und über
die Ufer hinaus.

In den Vorstädten laufen die Dächer
nach wie vielen Jahren ziegelrot an. Wetter
Hähne schalten die Flügel ein, dass
die Tropfen stieben wie Tropfen stieben. Mit
Diamanten gar kein Vergleich.

Alle Wiesen grasgrün. Raben raben
schwarz. Rosen rot. Alles wie sich's gehört.
Wie jedes sich selbst gehört. Prallgefüllt
mit tieffliegenden Mücken drohen die
Schwalben zu platzen vor Glück.

Ulla Hahn, geb. 1946

Sonett XVIII

Soll ich dich einem Sommertag vergleichen?
Anmutiger, gemäßigter bist du.
Des Maies Lieblinge jagt Sturmwind von den Zweigen,
Und nur zu früh gehn Sommers Pforten zu.
Bald scheint zu heiß des Himmels Auge, bald
Umdunkelt sich sein goldner Kreis; es weilet
Das Schöne nie in seiner Wohlgestalt,
Vom Zufall, vom Naturlauf übereilet.
Du aber sollst in ewgem Sommer blühn,
Nie deiner Schönheit Eigentum veralten;
Nie soll dich Tod in seine Schatten ziehn,
Wenn ewge Zeilen dich der Zeit erhalten.
Solange Menschen atmen, Augen sehn,
So lang lebt dies, und heißt dich fortbestehn.

William Shakespeare, 1564 – 1616
(aus dem Englischen von Johann Gottlob Regis)

Um Mitternacht

Gelassen stieg die Nacht an Land,
lehnt träumend an der Berge Wand;
ihr Auge sieht die goldne Waage nun
der Zeit in gleichen Schalen stille ruhn.
Und kecker rauschen die Quellen hervor,
sie singen der Mutter, der Nacht, ins Ohr
vom Tage,
vom heute gewesenen Tage.

Das uralt alte Schlummerlied -
sie achtet's nicht, sie ist es müd;
ihr klingt des Himmels Bläue süßer noch,
der flücht'gen Stunden gleichgeschwungnes Joch.
Doch immer behalten die Quellen das Wort,
es singen die Wasser im Schlafe noch fort
vom Tage,
vom heute gewesenen Tage.

Eduard Mörike , 1804 – 1875

Gestutzte Eiche

Wie haben sie dich, Baum verschnitten
wie stehst du fremd und sonderbar!
wie hast du hundertmal gelitten,
bis nichts in dir als Trotz und Wille war!
Ich bin wie du, mit dem verschnittnen,
gequälten Leben brach ich nicht
und tauche täglich aus durchlittnen
Roheiten neu die Stirn ins Licht.
Was in mir weich und zart gewesen,
hat mir die Welt zu Tod gehöhnt,
doch unzerstörbar ist mein Wesen,
ich bin zufrieden, bin versöhnt,
geduldig neue Blätter treib ich
aus Ästen hundertmal zerspellt,
und allem Weh zu Trotze bleib ich
verliebt in die verrückte Welt.

Hermann Hesse, 1877 – 1962

Sommerbild

Ich sah des Sommers letzte Rose stehn,
Sie war, als ob sie bluten könne, rot;
Da sprach ich schaudernd im Vorübergehn:
So weit im Leben ist zu nah am Tod!

Es regte sich kein Hauch am heißen Tag,
Nur leise strich ein weißer Schmetterling;
Doch ob auch kaum die Luft sein Flügelschlag
Bewegte, sie empfand es und verging.

Friedrich Hebbel, 1813 – 1863

Mittag

Am Waldessaume träumt die Föhre,
Am Himmel weisse Wölkchen nur;
Es ist so still, dass ich sie höre,
Die tiefe Stille der Natur.
Rings Sonnenschein auf Wies' und Wegen,
Die Wipfel stumm, kein Lüftchen wach,
Und doch, es klingt, als ström ein Regen
Leis tönend auf das Blätterdach.

Theodor Fontane, 1819 – 1898

Im Sommer

In Sommerbäder
reist jetzt ein jeder
und lebt famos.
Der arme Dokter,
zu Hause hockt er
patientenlos.
Von Winterszenen,
von schrecklich schönen,
träumt sein Gemüt,
wenn, Dank der Götter,
bei Hundewetter
sein Weizen blüht.

Wilhelm Busch, 1832 – 1908

Herbst

Wir müssen die Natur
nicht als unseren Feind betrachten,
den es zu beherrschen und überwinden gilt,
sondern wieder lernen,
mit der Natur zu kooperieren.

Sie hat eine
viereinhalb Milliarden Jahre lange Erfahrung.
Unsere ist wesentlich kürzer.

Prof. Dr. Dr. Hans-Peter Dürr, geb. 1929

„Weißt du, daß die Bäume reden?

Ja, sie reden. Sie sprechen miteinander, und sie sprechen zu dir, wenn du zuhörst.

Aber die weißen Menschen hören nicht zu. Sie haben es nie der Mühe wert gefunden, uns Indianer anzuhören, und ich fürchte, sie werden auch auf die anderen Stimmen in der Natur nicht hören.

Ich selbst habe viel von den Bäumen erfahren: manchmal etwas über das Wetter, manchmal über Tiere, manchmal über den Großen Geist."

Tatanga Mani, 1871 – 1967

Morgendliche Rede
an den Baum Griehn

1
Griehn, ich muß Sie um Entschuldigung bitten.
Ich konnte heute nacht nicht einschlafen,
weil der Sturm so laut war.
Als ich hinaus sah, bemerkte ich, daß Sie schwankten
Wie ein besoffener Affe. Ich äußerte das.

2
Heute glänzt die gelbe Sonne in Ihren nackten Ästen.
Sie schütteln immer noch einige Zähren ab, Griehn.
Aber Sie wissen jetzt, was Sie wert sind.
Sie haben den bittersten Kampf Ihres Lebens gekämpft.
Es interessieren sich die Geier für Sie.
Und ich weiß jetzt: einzig durch Ihre unerbittliche
Nachgiebigkeit stehen Sie heute morgen noch gerade.

3
Angesichts Ihres Erfolges meine ich heute:
Es war wohl keine Kleinigkeit, so hoch heraufzukommen
Zwischen den Mietskasernen, so hoch herauf, Griehn, daß
Der Sturm so zu Ihnen kann wie heute nacht.

Bertolt Brecht, 1898 – 1956

Gingo biloba

Dieses Baumes Blatt, der von Osten
Meinem Garten anvertraut,
Giebt geheimen Sinn zu kosten,
Wie's den Wissenden erbaut.

Ist es Ein lebendig Wesen,
Das sich in sich selbst getrennt?
Sind es zwei, die sich erlesen,
Daß man sie als Eines kennt?

Solche Frage zu erwiedern
Fand ich wohl den rechten Sinn.
Fühlst du nicht an meinen Liedern,
Daß ich Eins und doppelt bin ?

Johann Wolfgang von Goethe, 1749 – 1832

Jetzt rede du!

Du warest mir ein täglich Wanderziel,
Viellieber Wald, in dumpfen Jugendtagen,
Ich hatte dir geträumten Glücks so viel
Anzuvertraun, so wahren Schmerz zu klagen.

Und wieder such ich dich, du dunkler Hort,
Und deines Wipfelmeers gewaltig Rauschen –
Jetzt rede du! Ich lasse dir das Wort!
Verstummt ist Klag und Jubel. Ich will lauschen.

Conrad Ferdinand Meyer, 1825 – 1898

Niewelmuargen

Et brögget un dampet in Biärg un Dal,
Et suiht alles säo triurig iut;
Diu goihst düern Niewel grys un naat
Un hörst nit offnen Liut.

Düern Bäom amme Wiäge goiht en Wind
Dai riunt van Hiärwest un Nacht
Un Blaat op Blaat loiset sick wuahl
Roiert ter Eere ganz sacht.

Dat junge, graine Froihjahrsläuw,
Vüer Dagen näo'n löchtend Räot
Is briun un bleiksterig wooren,
Wächtet op Enne un Däot.

Drüöpkes hanget an Schmielen un Griäsern,
Naat sind Büske un Haid,
Un de Blaumen lott de Köppe hangen,
Riusket iähr Stiärwelaid.

Buawen op ein Tiune, nooge beym Biärg,
Hiuket de Kräggen, fliustert de Fiär,
Wisket de swuarten Fittike blank,
En garstrich Niewelwiärl.

Hugo Vosswinkel, 1911 – 1990

Nebelmorgen

Es brodelt und dampfet in Berg und Tal,
Es sieht alles so traurig aus;
Du gehst durch Nebel grau und nass
Und hörst nicht einen Laut.

Durch den Baum am Wege geht ein Wind,
Der raunt von Herbst und Nacht,
Und Blatt auf Blatt löst sich wohl,
Fällt zur Erde ganz sacht.

Das junge grüne Frühjahrslaub,
Vor Tagen noch leuchtend rot,
Ist braun und fleckig geworden,
wartet auf Ende und Tod.

Tröpfchen hängen an Schmielen und Gräsern,
Nass sind Büsche und Heide,
Und die Blumen lassen die Köpfe hängen,
Rauschen ihr Sterbelied.

Oben auf einem Zaun, nahe beim Berg,
Hocken die Krähen, plustern die Federn,
Wischen die schwarzen Fittiche blank,
Ein garstiges Nebelwetter.

Ernst Hermes, geb. 1932
(Übersetzung zu „Niewelmuargen" von H. Vosswinkel)

Der Baum

Der Baum, auf dem die Kinder
Der Sterblichen verblühn,
Steinalt, nichts desto minder
Stets wieder jung und grün.
Er kehrt auf einer Seite
Die Blätter zu dem Licht,
Doch kohlschwarz ist die zweite
Und sieht die Sonne nicht.
Er setzet neue Ringe,
So oft er blühet, an,
Das Alter aller Dinge
Zeigt er den Menschen an.
In seine grüne Rinden
Drückt sich ein Name leicht,
Der nicht mehr ist zu finden,
Wenn sie verdorrt und bleicht.
So sprich, kannst du's ergründen
Was diesem Baume gleicht?

Friedrich Schiller, 1759 – 1805

Flugzeit

Laub fällt, und sichtbar werden
leere Vogelnester im Geäst.
Es regnet, regnet weiter
bis zum Schnee –
Kommt noch ein Tag, auf Nebelhörnern
kühl November blasend,
steh'n wir in Wolle eingewickelt
bis zum Kinn und prüfen unser Dach.
Die offnen Stellen füllen wir mit Sorge.
Zeit wär's zu fliegen.

Rainer Brambach, 1917 – 1983

Schlehen

Ahornfarben das Haar im September
Schlehen reiß ich und Brombeeren süß
Vom Strauch ab für seinen Mund, und in
Die Haut treib ich Dornen

Sarah Kirsch, geb. 1935

November

Solchen Monat muß man loben:
Keiner kann wie dieser toben,
Keiner so verdrießlich sein
Und so ohne Sonnenschein!
Keiner so in Wolken maulen,
Keiner so mit Sturmwind graulen!
Und wie nass er alles macht!
Ja, es ist 'ne wahre Pracht!

Seht das schöne Schlackerwetter!
Und die armen, welken Blätter,
Wie sie tanzen in dem Wind
Und so ganz verloren sind!
Wie der Sturm sie jagt und zwirbelt
Und sie durcheinanderwirbelt
Und sie hetzt ohn' Unterlaß:
Ja, das ist Novemberspaß!

Und die Scheiben, wie sie rinnen!
Und die Wolken, wie sie spinnen
Ihren feuchten Himmelstau
Ur und ewig, trüb und grau!
Auf dem Dach die Regentropfen:
Wie sie pochen, wie sie klopfen!
Schimmernd hängt' s an jedem Zweig,
Einer dicken Träne gleich.

Oh, wie ist der Mann zu loben,
Der solch unvernünft'ges Toben
Schon im voraus hat bedacht
Und die Häuser hohl gemacht,
So daß wir im Trocknen hausen
Und mit stillvergnügtem Grausen
Und in wohlgeborgner Ruh
Solchem Greuel schauen zu.

Heinrich Seidel, 1842 – 1906

Herbst

Die Faune treten aus den Wäldern alle,
Des Herbstes Chor. Ein ungeheurer Kranz.
Die Hände haltend, springen sie zum Schalle
Der Widderhörner froh zu Tal im Tanz.

Die Lenden Felle schüttern von dem Sturze,
Die weiß und schwarz wie Ziegenvlies gefleckt.
Der starke Nacken stößt empor das kurze
Gehörn, das sich aus rotem Weinlaub streckt.

Die Hufe schallen, die vom Horne starken.
Den Thyrsus hau'n sie auf die Felsen laut.
Der Paian tönt in die besonnten Marken,
Der Brustkorb bläht mit zottig schwarzer Haut.

Des Waldes Tiere fliehen vor dem Lärme
In Scharen flüchtig her und langem Sprung.
Um ihre Stirnen fliegen Falterschwärme,
Berauscht von ihrer Kränze Duft und Trunk.

Sie nah'n dem Bache, der von Schilf umzogen
Durch Wiesen rauscht. Das Röhricht läßt sie ein.
Sie springen mit den Hufen in die Wogen
Und baden sich vom Schlamm der Wälder rein.

Das Schilfrohr tönt vom Munde der Dryaden,
Die auf den Weiden wohnen im Geäst.
Sie schaun herauf. Ihr Rücken glänzt vom Baden
Wie Leder braun und wie von Öl genäßt.

Sie brüllen wild und langen nach den Zweigen.
Ihr Glied treibt auf, von ihrer Gier geschwellt.
Die Elfen fliegen fort, wo noch das Schweigen
Des Mittagstraums auf goldnen Höhen hält.

Georg Heym, 1887 – 1912

O trübe diese Tage nicht

O trübe diese Tage nicht,
Sie sind der letzte Sonnenschein;
Wie lange, und es lischt das Licht,
Und unser Winter bricht herein.

Dies ist die Zeit, wo jeder Tag
Viel Tage gilt in seinem Wert,
weil man's nicht mehr erhoffen mag,
Daß so die Stunde wiederkehrt.

Die Flut des Lebens ist dahin,
Es ebbt in seinem Stolz und Reiz,
Und sieh, es schleicht in unsern Sinn
Ein banger, nie gekannter Geiz;

Ein süßer Geiz, der Stunden zählt
Und jede prüft auf ihren Glanz –
O sorge, dass uns keine fehlt,
Und gönn uns jede Stunde ganz.

Theodor Fontane, 1819 – 1898

Des alten Baumes Fluchgesang

Wie konnt' ich träumen doch den Traum
Von Vogelsang und Sonnenschein!
Ich armer, unglücksel'ger Baum,
Nun ich erwacht, was harret mein!

Wie Mörder nahen sie heran
Mit Stricken, Sägen, Axt und Beil,
Als ob ich wär in Acht und Bann
Und für ein schnödes Handgeld feil!

Fluch euch, dass ihr es habt gewagt
Und mir den Frühling nimmer gönnt
Und mich in Stücke sägt und schlagt
Weil's euch beliebt und ihr es könnt!

Der Uhu, dessen Nest ich war,
Gewiss, er wird schon rächen mich:
Er singet euch zum neuen Jahr,
Dass ihr so sterblich seid wie ich!

Hoffmann von Fallersleben, 1798 – 1874

Herbst

Schon ins Land der Pyramiden
Flohn die Störche übers Meer;
Schwalbenflug ist längst geschieden,
Auch die Lerche singt nicht mehr.

Seufzend in geheimer Klage
Streift der Wind das letzte Grün;
Und die süßen Sommertage,
Ach, sie sind dahin, dahin!

Nebel hat den Wald verschlungen,
Der dein stillstes Glück gesehn;
Ganz in Duft und Dämmerungen
Will die schöne Welt vergehn.

Nur noch einmal bricht die Sonne
Unaufhaltsam durch den Duft,
Und ein Strahl der alten Wonne
Rieselt über Tal und Kluft.

Und es leuchten Wald und Heide,
Daß man sicher glauben mag,
Hinter allem Winterleide
Lieg' ein ferner Frühlingstag.

Theodor Storm, 1817 – 1888

Lieblingsgedicht von Margret Schneeloch (Warstein):
„Ich liebe den Norden und die Gedichte von Theodor Storm."

Herbstlich sonnige Tage

Herbstlich sonnige Tage,
mir beschieden zur Lust,
euch mit leiserem Schlage
grüßt die atmende Brust.
O wie waltet die Stunde
nun in seliger Ruh'!
Jede schmerzende Wunde
schließet leise sich zu.
Nur zu rasten, zu lieben,
still an sich selber zu baun,
fühlt sich die Seele getrieben
und mit Liebe zu schaun.
Jedem leisen Verfärben
lausch ich mit stillem Bemühn,
jedem Wachsen und Sterben,
jedem Welken und Blühn.
Was da webet im Ringe,
was da blüht auf der Flur,
Sinnbild ewiger Dinge
ist's dem Schauenden nur.
Jede sprossende Pflanze,
die mit Düften sich füllt,
trägt im Kelche das ganze
Weltgeheimnis verhüllt.

Emanuel Geibel, 1815 – 1884

Lieblingsgedicht von Beate Ullrich (Arnsberg):
„Dieses Gedicht mag ich einfach sehr."

Herbsttag

Herr: es ist Zeit. Der Sommer war sehr groß.
Leg deinen Schatten auf die Sonnenuhren,
und auf den Fluren lass die Winde los.

Befiehl den letzten Früchten voll zu sein;
gib ihnen noch zwei südlichere Tage,
dränge sie zur Vollendung hin und jage
die letzte Süße in den schweren Wein.

Wer jetzt kein Haus hat, baut sich keines mehr.
Wer jetzt allein ist, wird es lange bleiben,
wird wachen, lesen, lange Briefe schreiben
und wird in den Alleen hin und her
unruhig wandern, wenn die Blätter treiben.

Rainer Maria Rilke, 1875 – 1926

Lieblingsgedicht von Brigitta Hartmann (Arnsberg):
„Dies ist mein Lieblingsgedicht für das Ende der Sommerzeit."

Herbst

Eines Morgens riechst du den Herbst.
Es ist noch nicht kalt; es ist nicht windig:
es hat sich eigentlich gar nichts geändert –
und doch alles.
Es geht wie ein Knack durch die Luft –
es ist etwas geschehen;
so lange hat sich der Kubus noch gehalten,
er hat geschwankt ... , na ... na ... ,
und nun ist er auf die andere Seite gefallen.
Noch ist alles wie gestern: die Blätter, die Bäume,
die Sträucher ... aber nun ist alles anders.

Das Licht ist hell,
Spinnenfäden schwimmen durch die Luft,
alles hat sich einen Ruck gegeben,
dahin der Zauber, der Bann ist gebrochen –
nun geht es in einen klaren Herbst.
Wie viele hast du? Dies ist einer davon.

Kurt Tucholsky, 1890 – 1935

Lieblingsgedicht von Bernd Wuschansky (Arnsberg-Voßwinkel):
„Dies ist mein allerschönstes Herbstgedicht."

Die Wälder schweigen

Die Jahreszeiten wandern durch die Wälder.
Man sieht es nicht. Man liest es nur im Blatt.
Die Jahreszeiten strolchen durch die Felder.
Man zählt die Tage. Und man zählt die Gelder.
Man sehnt sich fort aus dem Geschrei der Stadt.

Das Dächermeer schlägt ziegelrote Wellen.
Die Luft ist dick und wie aus grauem Tuch.
Man träumt von Äckern und von Pferdeställen.
Man träumt von grünen Teichen und Forellen.
Und möchte in die Stille zu Besuch.

Die Seele wird vom Pflastertreten krumm.
Mit Bäumen kann man wie mit Brüdern reden
und tauscht bei ihnen seine Seele um.
Die Wälder schweigen. Doch sie sind nicht stumm.
Und wer auch kommen mag, sie trösten jeden.

Man flieht aus den Büros und den Fabriken.
Wohin, ist gleich! Die Erde ist ja rund!
Dort, wo die Gräser wie Bekannte nicken
und wo Spinnen seidne Strümpfe stricken,
wird man gesund.

Erich Kästner, 1899 – 1974

Lieblingsgedicht von Beate Hermes (Rumbeck):
„Wenn es mir nicht gut geht, gehe ich in den Wald.
Je länger ich im Walde bin, um so besser geht es mir."

Der Herbst

Im Herbst bei kaltem Wetter
fallen vom Baum die Blätter -
Donnerwetter,
Im Frühjahr dann
Sind sie wieder dran
Sieh mal an.

Heinz Erhardt, 1909 – 1979

Lieblingsgedicht von Simone Drießen (Arnsberg):
„ Meinen Kindern Sarah (5) und Benedikt (9) gefällt dieses Gedicht von Heinz Erhardt am besten."

Septembertag

Dies ist des Herbstes leidvoll süße Klarheit,
die dich befreit, zugleich sie dich bedrängt;
wenn das kristallne Gewand der Wahrheit
sein kühler Geist um Wald und Berge hängt.
Dies ist des Herbstes leidvoll süße Klarheit...

Christian Morgenstern, 1871 – 1914

Lieblingsgedicht von Jutta Kramer (Arnsberg):
„Meine Lieblingsjahreszeit ist der Herbst: Er hat viele Facetten, er bringt Bewegung, er bringt Abwechslung, er ist rücksichtslos schön."

Herbstbild

Dies ist ein Herbsttag, wie ich keinen sah!
Die Luft ist still, als atmete man kaum,
Und dennoch fallen raschelnd, fern und nah,
Die schönsten Früchte ab von jedem Baum.
O stört sie nicht, die Feier der Natur!
Dies ist die Lese, die sie selber hält,
Denn heute löst sich von den Zweigen nur,
Was von dem milden Strahl der Sonne fällt.

Christian Friedrich Hebbel, 1813 – 1863

Lieblingsgedicht von Wolfgang Boucsein (Arnsberg):
„Das Gedicht fängt für mich poetisch und doch realitätsnah die Stimmung an einem Herbsttag ein: die Stille der Luft, der milde Strahl der Sonne und was mit den Früchten und Blättern geschieht. Sie fallen raschelnd ab, dann, wenn die Natur es will und nicht der Mensch, der oft meint, alles bestimmen können und zu müssen."

Lieblingsgedicht von Christel Kotthaus (Arnsberg):
„Das Gedicht erfasst ein Gefühl, das sich an besonders schönen Herbsttagen einstellt, und macht aufmerksam auf „Naturgesetze". Dazu trägt auch der Poesie-Pfad bei. Eine gute Idee!"

Lieblingsgedicht von Franz Schneeloch (Warstein):
„Dieses Gedicht erinnert mich an meine Schulzeit, ich habe es da gelernt, bei Lehrer Schnettler in der Kirchschule in Hüsten."

Oktoberlied

Der Nebel steigt, es fällt das Laub;
Schenk ein den Wein, den holden!
Wir wollen uns den grauen Tag
Vergolden, ja vergolden!

Und geht es draußen noch so toll,
Unchristlich oder christlich,
Ist doch die Welt, die schöne Welt,
So gänzlich unverwüstlich!

Und wimmert auch einmal das Herz
Stoß an und lass es klingen!
Wir wissen's doch, ein rechtes Herz
Ist gar nicht umzubringen.

Der Nebel steigt, es fällt das Laub;
Schenk ein den Wein, den holden!
Wir wollen uns den grauen Tag
Vergolden, ja vergolden!

Wohl ist es Herbst; doch warte nur,
Doch warte nur ein Weilchen!
Der Frühling kommt, der Himmel lacht,

Es steht die Welt in Veilchen.

Die blauen Tage brechen an,
Und ehe sie verfließen,
Wir wollen sie, mein wackrer Freund,
Genießen, ja genießen!

Theodor Storm, 1817 – 1888

Lieblingsgedicht von Antonie Verhoeven (Arnsberg):
„Ein tröstliches Gedicht: Man kann auch den grauen Tagen des Herbstes
etwas abgewinnen!"

Im Herbst

Der schöne Sommer ging von hinnen,
Der Herbst, der reiche, zog ins Land.
Nun weben all die guten Spinnen
So manches feine Festgewand.
Sie weben zu des Tages Feier
Mit kunstgeübtem Hinterbein
Ganz allerliebste Elfenschleier
Als Schmuck für Wiese, Flur und Hain.
Ja, tausend Silberfäden geben
Dem Winde sie zum leichten Spiel,
Sie ziehen sanft dahin und schweben
Ans unbewusst bestimmte Ziel.
Sie ziehen in das Wunderländchen,
Wo Liebe scheu im Anbeginn,
Und leis' verknüpft ein zartes Bändchen
Den Schäfer mit der Schäferin.

Wilhelm Busch, 1832 – 1908

Lieblingsgedicht von Andreas Drießen (Arnsberg):
„Heute habe ich in der Westfälischen Rundschau von der Leseraktion
mein Herbstgedicht gelesen und war sofort begeistert.
Dieses Gedicht passt zur Zeit wirklich sehr gut, da meine Kinder und ich
überall die Spinnen und ihre Werke bestaunen können."

Herbst

Das Haus der Vögel entlaubt sich.
Wir haben Angst vor dem Herbst.
Manche haben Angst vor dem Herbst.
Manche von uns
malen den Toten das Gesicht
wenn sie fortziehn.
Denn wir fürchten den Winter.
Eine alte Frau, die vor uns stand,
war unser Windschutz,
unser Julilaub,
unsere Mutter,
deren Tod
uns entblößt.

Hilde Domin, 1909 – 2006

Lieblingsgedicht von Christel Kotthaus (Arnsberg):
„... ein ganz anderer Herbst-Gedanke ..."

Der Sturm

Der lichte Himmel schwärzet sich:
Ein jäher Sturm braust in den Zweigen,
Und überall herrscht fürchterlich
Ein ehrerbiethig Schweigen.
Der kleinen Sänger tonreich Chor
Vergißt sein Lied, und lauscht in Sträuchen,
Und nur die Schwalbe schießt hervor,
Und schwebet auf den Teichen.

Komm Chloe, eilends folge mir:
Doch sieh, wie sich die Rosen bücken,
Vom Sturm bedroht flehn sie zu dir;
Du sollst sie liebreich pflücken.
Sie zittern vor den nahen Tod.
O sieh, wie schön sie sich entfärben!
Viel lieber wünscht ihr schamhaft Roth
An deiner Brust zu sterben.

Wir sind entflohn, was fürchten wir
In dieser dicht verwachsnen Laube:
Welch Glück! es wartet unser hier
Der Saft der Moslertraube.
Verwegner Nord! tob immerhin,
Und nimm, willst du ja hier noch wehen;
Nimm meiner Chloe Palatin!
Nur laß die Gläser stehen.

Christian Felix Weiße, 1726 – 1804

Der Sturm

Den stillen Schoß der dunkeln Nacht durchdringen
Des Donners Schmettertöne; schwarz umzogen
Wölbt unheilschwanger sich der hehre Bogen, –
Die Sterne löschen – Elemente ringen –

Der Feuerengel schüttelt wild die Schwingen;
Es stürzen Feuer, stürzen Wasserwogen;
Des Windes Heulen stöhnet langgezogen –
Im Sturme ahn' ich höhrer Wesen Ringen.

Es muß die bleiche Furcht das Herz erschleichen,
Wenn Geister kämpfen in des Sturmes Wehen.
In banger Ahnung steht der Sohn der Erden.

Daß enden wird der Kampf, der Sturm entweichen,
Und der Natur ein neues Glück erstehen –
Fort kämpft des Herzens Kampf der Sohn der Erden.

Adelbert von Chamisso, 1781 – 1838

Der Gewitterabend

O die roten Abendstunden!
Flimmernd schwankt am offenen Fenster
Weinlaub wirr ins Blau gewunden,
Drinnen nisten Angstgespenster.

Staub tanzt im Gestank der Gossen.
Klirrend stößt der Wind in Scheiben.
Einen Zug von wilden Rossen
Blitze grelle Wolken treiben.

Laut zerspringt der Weiherspiegel.
Möven schrein am Fensterrahmen.
Feuerreiter sprengt vom Hügel
Und zerschellt im Tann zu Flammen.

Kranke kreischen im Spitale.
Bläulich schwirrt der Nacht Gefieder.
Glitzernd braust mit einem Male
Regen auf die Dächer nieder.

Georg Trakl, 1887 – 1914

Wolken

Am nächtigen Himmel
Ein Drängen und Dehnen,
Wolkengewimmel
In hastigem Sehnen,
In lautloser Hast
– Von welchem Zug
Gebietend erfaßt? –
Gleitet ihr Flug,
Es schwankt gigantisch
Im Mondesglanz
Auf meiner Seele
Ihr Schattentanz,
Wogende Bilder,
Kaum noch begonnen,
Wachsen sie wilder,
Sind sie zerronnen,
Ein loses Schweifen ...
Ein Halb-Verstehn ...
Ein Flüchtig-Ergreifen ...
Ein Weiterwehn ...
Ein lautloses Gleiten,
Ledig der Schwere,
Durch aller Weiten
Blauende Leere.

Hugo von Hofmannsthal, 1874 – 1929

Die Geschichte
vom fliegenden Robert

Wenn der Regen niederbraust,
wenn der Sturm das Feld durchsaust,
bleiben Mädchen oder Buben
Hübsch daheim in ihren Stuben.-
Robert aber dachte: „Nein!
Das muß draußen herrlich sein!"
Und im Felde patschet er
mit dem Regenschirm umher.

Hui, wie pfeift der Sturm und keucht,
daß der Baum sich niederbeugt!
Seht! Den Schirm erfaßt der Wind,
und der Robert fliegt geschwind
durch die Luft so hoch und weit;
niemand hört ihn, wenn er schreit.
An die Wolken stößt er schon
und der Hut fliegt auch davon.

Schirm und Robert fliegen dort
durch die Wolken immer fort.
Und der Hut fliegt weit voran,
Stößt zuletzt am Himmel an.
Wo der Wind sie hingetragen,
Ja! Das weiß kein Mensch zu sagen.

Heinrich Hoffmann, 1809 – 1894

Winter

*Frieden
findet man nur
in den Wäldern.*

Michelangelo, 1475-1564

Advent

Es treibt der Wind im Winterwalde
Die Flockenherde wie ein Hirt,
und manche Tanne ahnt, wie balde
sie fromm und lichterheilig wird;
und lauscht hinaus.
Den weißen Wegen streckt sie die Zweige hin - bereit,
und wehrt dem Wind und wächst entgegen
der einen Nacht der Herrlichkeit.

Rainer Maria Rilke, 1875 – 1934

Wie der Schnee

Sie ist leicht, wie der Schnee, der fällt.
Sie gleicht diesem ruhigen Schneien,
das den Himmel zusammen hält
und die Schwierigkeit, zu sein,
was man nicht für möglich hält
in der täglich tödlichen Welt
und dem Leben mit sich allein
bis zum endlichen Totenschein.

Sie ist wie der Schnee, so leicht.
Du hoffst auf das Weiterschneien,
das vom Himmel zur Erde reicht.
Es hüllt die Landschaft ein,
die dem ruhigen Schneien gleicht,
das bis an die Augen reicht
mit weißem Widerschein.
Du bist wie der Schnee, so leicht.

Karl Krolow, 1915 – 1999

Wintergemälde

Es schneit im Wald
Unheimlich kalt,
Ein Mann versinkt im Schnee;
Sein Ach, sein Weh
Verhallet bald
Im großen Wald.
Die Jagd, sie naht,
Zertritt die Saat;
Ein angeschossen blutend Reh
Versinkt im Schnee,
Die Büchse knallt,
Der Schuß verhallt.

Friederike Kempner, 1836 – 1904

Winternacht

Nicht ein Flügelschlag ging durch die Welt,
Still und blendend lag der weiße Schnee,
Nicht ein Wölklein hing am Sternenzelt,
Keine Welle schlug im starren See.

Aus der Tiefe stieg der Seebaum auf,
Bis sein Wipfel in dem Eis gefror;
An den Ästen klomm die Nix herauf,
Schaute durch das grüne Eis empor.

Auf dem dünnen Glase stand ich da,
Das die schwarze Tiefe von mir schied;
Dicht ich unter meinen Füßen sah
Ihre weiße Schönheit Glied für Glied.

Mit ersticktem Jammer tastet' sie
An der harten Decke her und hin.
Ich vergaß das dunkle Antlitz nie,
Immer, immer liegt es mir im Sinn.

Gottfried Keller, 1819 – 1890

Blick aus dem Winterfenster

Kopfweiden, schneeumtanzt,
Besen, die den Nebel fegen.
Holz und Unglück
wachsen über Nacht.
Mein Meßgerät
die Fieberkurve.

Wer geht dort ohne Licht
und ohne Mund,
schleift übers Eis
das Tellereisen?

Die Wahrsager des Waldes,
die Füchse mit schlechtem Gebiß
sitzen abseits im Dunkel
und starren ins Feuer.

Peter Huchel, 1903 – 1981

Schneemusik

O Wildschnee Buntschnee meiner Seele Schnee
Ein Blizzard zerbrochener Sterne
Und Rosen aus Kristall

Hört ihr die Schneemusik im Wintertal
Das siebenfarbene Spiel
Des aufgelösten Regenbogens

Der über die ungeborenen Geigen
Im tönenden Holz der Bäume streicht?

Die Schneerosen welken vor Schmerz
Selbst der Schneevogel schweigt

Yvan Goll, 1891 – 1950

Die drei Spatzen

In einem leeren Haselstrauch,
da sitzen drei Spatzen, Bauch an Bauch.
Der Erich rechts und links der Franz
und mittendrin der freche Hans.
Sie haben die Augen zu, ganz zu,
und obendrüber, da schneit es, hu!
Sie rücken zusammen dicht an dicht,
so warm wie Hans hat's niemand nicht.
Sie hör'n alle drei ihrer Herzlein Gepoch.
Und wenn sie nicht weg sind, so sitzen sie noch.

Christian Morgenstern, 1871 – 1914

Erster Schnee

Aus silbergrauen Gründen tritt
ein schlankes Reh
im winterlichen Wald
und prüft vorsichtig Schritt für Schritt,
den reinen, kühlen, frischgefallenen Schnee.
Und deiner denk ich, zierlichste Gestalt.

Christian Morgenstern, 1871 – 1914

Winter

Die Kälte kann wahrlich brennen
Wie Feuer. Die Menschenkinder
Im Schneegestöber rennen
Und laufen immer geschwinder.

Oh, bittre Winterhärte!
Die Nasen sind erfroren,
Und die Klavierkonzerte
Zerreißen uns die Ohren.

Weit besser ist es im Summer,
Da kann ich im Walde spazieren,
Allein mit meinem Kummer,
Und Liebeslieder skandieren.

Heinrich Heine, 1797 – 1856

Winteridylle

Flockentanz in der Luft
Hauchzarte Reifblumen
Am Zaun

Ich gehe durch die Idylle
zwischen weichen weißen Hügeln
und Wattebäumen
Pflücke Eiszapfen
schaue wie sie sich in der Hand
in Wasser verwandeln
Richte das Gesicht
nach oben
fühle wie der feine Schnee
auf der Haut schmilzt

Und unten umarmt die Verwehung
meine Füße
als ob sie mich nie mehr
loslassen möchte

Satu, geb. 1940

(Vorgeschlagen von Barbara Lange)

Vor einem Winter

Ich mach ein Lied aus Stille
und aus Septemberlicht.
Das Schweigen einer Grille
geht ein in mein Gedicht.

Der See und die Libelle.
Das Vogelbeerenrot.
Die Arbeit einer Quelle.
Der Herbstgeruch von Brot.

Der Bäume Tod und Träne.
Der schwarze Rabenschrei.
Der Orgelflug der Schwäne.
Was es auch immer sei,

Das über uns die Räume
Aufreißt und riesig macht
Und fällt in unsre Träume
in einer finstren Nacht.

Ich mach ein Lied aus Stille.
Ich mach ein Lied aus Licht.
So geh ich in den Winter.
Und so vergeh ich nicht.

Eva Strittmatter, geb. 1930

(Vorgeschlagen von Antje Lange)

Die Verscheuchte

Es ist der Tag in Nebel völlig eingehüllt,
Entseelt begegnen alle Welten sich –
Kaum hingezeichnet wie auf einem Schattenbild.

Wie lange war kein Herz zu meinem mild...
Die Welt erkaltete, der Mensch verblich.
- Komm bete mit mir – denn Gott tröstet mich.

Wo weilt der Odem, der aus meinem Leben wich?-
Ich streife heimatlos zusammen mit dem Wild
Durch bleiche Zeiten träumend – ja ich liebte dich.

Wo soll ich hin, wenn kalt der Nordsturm brüllt?
-Die scheuen Tiere aus der Landschaft wagen sich-
Und ich vor deine Tür, ein Bündel Wegerich.

Bald haben Tränen alle Himmel weggespült,
An deren Kelchen Dichter ihren Durst gestillt,
Auch du und ich.

Und deine Lippe, die der meinen glich,
Ist wie ein Pfeil nun blind auf mich gezielt .

Else Lasker-Schüler, 1869 – 1945

(Vorgeschlagen von Liesel Cramer)

Winter

Aus Schneegestäub und Nebelqualm
Bricht endlich doch ein klarer Tag;
Da fliegen alle Fenster auf,
Ein jeder späht, was er vermag.

Ob jene Blöcke Häuser sind?
Ein Weiher jener ebne Raum?
Fürwahr, in dieser Uniform
Den Glockenturm erkennt man kaum.

Uns alles Leben liegt zerdrückt,
Wie unterm Leichentuch erstickt,
Doch schau! An Horizontes Rand
Begegnet mir lebend´ges Land!

Du starrer Wächter, laß ihn los,
Den Föhn aus deiner Kerker Schoß!
Wo schwärzlich jene Riffe spalten,
Da muß er Quarantäne halten,
Der Fremdling aus der Lombardei;
O Säntis, gib den Tauwind frei!

Annette von Droste-Hülshoff, 1797 – 1848

(Vorgeschlagen von Therese und Fritz Timmermann)

LGA Workshop für Erwachsene

*Kommen ihnen zärtliche Regungen,
so meinen die Dichter immer,
die Natur selber sei in sie verliebt.*

Friedrich Wilhelm Nietzsche, 1844 – 1900

Haikus

Der Morgenhimmel
klebt grau an schwarzen Zweigen.
Das braune Blatt fällt.

Die Sonne funkelt.
Tausendfach glitzert Geäst,
von Reif umsplittert.

Hart gefroren trotzt
das gelbbraune Schilf dem Wind,
verwurzelt im Grund.

Die weiße Stille
stülpt sich über Baum und Gras,
schallgedämpft der Bach.

Rita Ahlborn

Der unbekannte Weg

Der schneeverwehte Weg
steigt an zum Horizont
still und unberührt.

Kann ich diesen Anstieg wagen?
Wo führt dieser Weg hin?

Spuren schwerer Schritte
zeigen die Entscheidung
klar und wirkungsvoll.

Ergeben sich dort oben neue Fragen?
Wo führt mein Weg mich hin?

Christel Reichel

im frühling irgendwann

der bach
erfroren
unter eisverglaster kruste
bricht auf und schwillt tritt reißend
über seine ufer
fließt danach
ganz sacht
dahin

im frühling irgendwann

(vielleicht)

bricht auch das eis
in deinem wort

Markus Schowe

Winterzeit

Winterzeit
Traum in Weiß,
Kindheitserinnerung
an klirrendes Eis.

Starr und gefroren
wirkt alles gespannt,
schlafende Stille
herrscht über das Land.

Weiß überzogen
ruht unter der Hülle,
dass er wird neu geboren,
der Frühling in lebendiger Fülle.

Carmen Donse

Winter-Schicksal

Die Assel unterm feuchten Blatt,
die weiß genau, was sie dran hat.
Sie fühlt sich wohl in kühlem Grund,
das nasse Dunkel hält gesund.

Doch dann kommt Frost, es knackt die Hülle,
die Assel stirbt in aller Stille
und rollt sich ein zu ewger Ruh.
Der Schnee deckt eiskalt alles zu.

Wolfram Blanke

Der Eisteich

Es blitzt auf dem Eis
chromfarbenblank
meist gleitend
mal engelsgleich schwebend.

Figuren
in Bögen sanft
und Ecken winklig spitz
leicht hingeworfen.

Sie hängen am Nagel
im Dunklen
ganz stumpf
verloren, vergessen.

Träume
beweglicher Körper
sind schon Erinnerungen
lange verrostet.

Wolfgang Boucsein

Winterimpressionen

Was ist nur geblieben von all der Farbenpracht,
die der Herbst verschwenderisch als Erbe vermacht?

Arg gebleichte Kugeln auf knorrigem Rotdorn,
der Weiderose grauwollfadige Flocken,
mehltau-blaue Beeren auf sperrigem Schlehdorn,
Hagebutten, die auf nacktem Strauche hocken.
Ringsumher raunende Wälder, starre Fluren,
kahl geschorene Felder, im Schnee vergraben.
Ein verloschener Himmel, ohne Konturen,
lässt frösteln, lässt schaudern, kann keinem behagen,
lastet auf den frostgepuderten Bergen schwer.
In milchigem Purpur ein Rest Sonne versackt
wehrlos im eiskalten Nebelmeer,
was die Landschaft noch verwaschener macht.
Ins Leere starren wie vermummte Gespenster
Bäume und Sträucher, wie Filigranwerk bespannt
Mit Schleiern wie Gardinen vorm Fenster,
Äste und Zweige geklöppelt und frostgebannt.
Darüber, wie ein Augur, der Mond sich erhebt,
nimmt, mitleidlos, die Natur in Bann und Acht.

Muss all dies erstarren, was spärlich noch lebt?
Zuletzt stirbt die Hoffnung auf neue Farbenpracht.

Josef Dahme

Richt Euch!

Wanderer, sieh das Grauen und Leid!
Auch hier war Natur, unten und oben.
Von Gottestöchtern gehegt und umwoben
für Wanderer, die kamen zur Rast bereit.

Achtzehnvierzig sagten Landvermesser,
die neu: Natur muss gerade sein!
Sie rodeten, führten Abteilungen ein
und pflanzten Fichten, die wären besser.

Die Fichten wuchsen preußisch exakt und
kein Licht, kein Busch sich unter sie legt.
Doch der Boden darunter war wie gefegt.
„Sieht sauber aus", taten die Preußen kund.

Die Natur sah's gelassen, denn gar bald
wurden einige Fichten vom Winde gefällt.
Zum Sonnenlicht haben sich Büsche gesellt
und gründeten neu 'nen erholsamen Wald.

Der Rest, der noch preußokratisch korrekt,
wird auch bald von der Natur geändert.
Sträucher werden von Blumen umrändert.
Doch erst einmal Schnee den Frevel verdeckt.

Wilhelm K. H. Henze

Winterankunft?

Vorbei ist Frühling = Sommer = Herbsteszeit,
denn bald kommt der Winter im neuen Kleid.
Die Schneeflocken decken liebevoll zu,
was heimlich sich sehnt nach Frieden und Ruh.
Eiskristalle leuchten aus den Ecken,
die Tiere im Walde sich verstecken,
und der Schnee drückt so schwer auf die Bäume!
Der Wanderer aber glaubt, er träume.
Er fühlt sich ganz leicht, einfach wunderbar -
läutet sich ein schon das kommende Jahr?
Liegt auch die Zukunft ihm noch im Dunkeln -
er öffnet sein Herz: die Sterne ihm funkeln.

Hannelore Moser

auf dich warten

Um mich herum alles weiß,
grau und still.
Schwarze Striche stehen schweigend,
dicht and dicht.
Vor kurzem noch brannte hier alles,
gelb und rot vor Farben.
Jetzt alles in Monotonie versunken,
in die Stille geflüchtet.
Ich bin leise, damit ich niemanden wecke,
aber ich werde auf dich warten.

Daniel Schnock

Trennung

Du bist eine offene Wunde,
In die der Frost Beulen schlägt:
Schartiger Stamm, aus dem Tropfen rinnen.

Mein Freund bist du nicht.

Diethard Rekate

Am 18. Januar 2007 schlug die Natur in Form
des Sturmes Kyrill zurück und zerstörte die Tafel:

Winterwald

Schleppende Schritte
Nasser Schnee
Sorgen beugen den müden Rücken

Dunkel der Wald
Eine mächtige Mauer
Vor fliehenden Wolkenfetzen

Kalte Stille in diesem Dom

Das Raunen des Frühlings
Das Knistern des Sommers
Das Rascheln des Herbstes
Vorbei
Verstummt

Doch

Dort in der Höhe
Purpur und Gold zwischen schlanken Säulen
Heller Schein über kunstvollen Kapitellen
Durch das Dach bricht Himmelslicht

Vielfarbig funkelnd und weich
Leuchtet der Marmorboden
Altes Mosaik
Sanft federnd unter dem Schuh

Tröstliche Stille in diesem Dom

Leicht tragen die Schritte
Heimwärts

Eva Reuß-Richter

108

LGA Workshop
für Kinder

Kleine Leute Große Gedichte

***Lyrikprojekt für junge Dichter
von 8 bis 12 Jahren***

*An einem Erlebniswochenende entstanden weit über vierzig
Gedichte von einundzwanzig Literatur begeisterten Kindern
und Jugendlichen aus sieben Grund-, Haupt-, Relaschulen
und Gymnaien.
Eine Auswahl ist hier auf dem Poesiepfad veröffentlicht.*

*Leitung:
Diethard Rekate, Markus Pille-Schowe,
Wolfgang Wagner, Wolfram Blanke*

Spinnennetz

Wir waren heut im Wald,
da war im Baum ein Spalt.
In diesem hing ganz angespannt
ein Spinnennetz aus Fadenband.

In diesem lag 'ne Spinne
in einer großen Rinne.
Plötzlich kam das Regenwasser
und alles wurde nasser.

Die Spinne kriegte einen großen Schreck
und war dann auch schon weg.

Luisa Horst
9 Jahre, Gymnasium der Benediktiner Meschede

Blätter im Herbst

Die Blätter fallen nun herunter,
und sie werden immer bunter.
Die Kinder ziehen die Pullover an
und spielen dann.

Zwei Jungen lassen Drachen steigen,
doch ein Kind tanzt nicht im Reigen.
„Wären hier doch noch mehr Kinder!"
jammert Linda.

Da kommt ein Junge, er heißt Paule,
er reitet auf 'nem großen Gaule.
Linda schwingt sich auf den Rücken.
Großes Entzücken!

Lea Klemenz
8 Jahre, GS Johannesschule

Der Herbst

Wenn der Wind durch die Bäume pfeift,
die Kinder Kastanien finden
und die Bäume ihre Äste schütteln,
dann ist er nicht mehr weit.
Wer? Der Herbst.

Wenn die Eltern sich beschweren,
weil die Blätter sich so tümmeln,
und die Kinder sich warm anziehen,
ist er nicht mehr weit.
Wer? Der Herbst.

Wenn die Kinder einen Schnupfen haben
und ich mich in die Decke wickle,
dann ist er da.
Wer? Der Herbst.

Eileen Ihme
10 Jahre, Mariengymnasium

Der Herbst

Der Wind weht schwach,
die Blätter fliegen,
ein Baum wiegt hin und her.

Leis' fließt ein Bach,
am Boden liegen
Kastanien, groß und schwer.

Der Herbst zieht ein,
die Blumen sterben
und Blätter werden braun.

Und Marder, Fuchs und Igel
sie fangen an, sich
ein warmes Haus zu bau'n

Lisa Simon
8 Jahre, GS Johannesschule

Die Natur

Die Natur besitzt vieles:
Zum Beispiel die bunten Blumen,
die am Stängel schaukeln.
Diese bunten Blumenwiesen
kann man einfach nur genießen.
Auch Schmetterlinge, muss man sagen,
oh, welch schöne Pracht sie tragen.

Anna-Maria Kolprekaj
10 Jahre, GS Sauerschule

Der Herbst ist da!

Der Herbst, der Herbst, der Herbst ist da.
Wir lassen Drachen steigen,
und alte Leute schweigen,
der Herbst, der Herbst, der Herbst ist da.

Die Blätter werden immer bunter,
und plötzlich fallen sie herunter.
Der Herbst, der Herbst, der Herbst ist da.

Es wird jetzt richtig kalt,
auch überall im Wald.
Der Herbst, der Herbst, der Herbst ist da.

Der Wind bläst immer kräftiger,
die Bäume schwanken heftiger.
Der Herbst, der Herbst, der Herbst ist da.

Der Herbst ist einfach toll,
er füllt mit Obst die Körbe voll.
Der Herbst, der Herbst, der Herbst ist toll!!!

Katharina Nellius
9 Jahre, GS Sauerschule

Elfenfest

Letzte Nacht im Dunkeln
hört ich Elfen munkeln.
Sie sprachen über dies und das.
Ich fragte mich, was soll denn das?

Ich dachte, Elfen würden singen
und ihre Flügel ganz toll klingen.

Doch sie sind wie du und ich -
gar nicht wunderbar.
Hier sah ich sogar eine
mit ungewaschnem Haar.

Theresa Kramer
10 Jahre, Gymnasium der Benediktiner Meschede

Das Feenfest

Unter einem kleinen Baum
da sind Feen und Kobolde wie im Traum.
Sie singen, tanzen im Kreis
und essen Blaubeeren mit Himbeereis.
Sie spielen und lachen –
außer eine,
sie ist nicht bei der Feier,
sie sitzt am großen See alleine.

Plötzlich kommt ein Kobold
und kitzelt sie am linken Fuß,
sodass die Fee laut lachen muss.
Und dann machen sie am Weiher
ihre eigene kleine Feier.

Janine Heger
8 Jahre, GS Sauerschule

Der Herbst

Im Herbst lass ich den Drachen steigen,
doch pass ich auf, denn sonst hängt er in den Zweigen.
Es wird langweilig, nur herumzustehen,
deshalb will ich gleich ins Laub rausgehen.

Wenn ich im Laub genug gespielt hab,
werde ich den Rest vom Tag
Kastanien sammeln gehen,
vielmehr als nur mal zehn.

Denn ich will etwas daraus bauen,
das wirklich schön ist anzuschauen.

Markus Waldecker
8 Jahre, GS Johannesschule

Der Herbst

Die Blätter werden von den Bäumen fallen
und die Kastanien auf die Erde knallen.
Der Igel baut ein Nest aus Laub,
die Insekten machen sich schnell aus dem Staub.

Der Rasen wird ein letztes Mal gemäht,
die dicken Socken schon einmal genäht.
Viele Leute sitzen drinnen,
draußen füllen sich die Regenrinnen.

Mit einer heißen Tasse Kakao in der Hand
warte ich schon ganz gespannt,
was der Herbst denn noch so bringt
und sonst noch durch die Lüfte schwingt.

Nicole Waldecker
12 Jahre, Mariengymnasium

Igel

Ich bin eine Stachelkugel, eine ganz, ganz kleine.
Ich habe zwar auch Stacheln,
doch 'ne Kastanie bin ich keine.
Am liebsten ess' ich winzige Viecher
und kleine, kleine Schnecken,
und manchmal könn' sich kleine Kinder
auch vor mir erschrecken.
Wenn mit der Zeit der Winter naht,
kriech' ich in einen Blätterhaufen.
Und was ich ganz und gar nicht mag,
ist riesig schnell zu laufen.

Wer bin ich?
Kein Bigel, kein Knigel, kein Digel
und kein Schokoriegel.
Ich bin ein Igel.

Almuth Ewers
10 Jahre, Gymnasium der Benediktiner Meschede

Der Kamillentee

Der Kamillentee ist süß und klar,
ja er schmeckt einfach wunderbar.
Wenn mir die Mama kocht den Tee,
freu ich mich wie 'ne Fee!
Ich freu mich immer sehr
und möchte immer mehr.

Ich lieb ihn, weil er glücklich macht
und trink ihn morgens schon um acht.

Anna Lena Lehmkühler
9 Jahre, GS Sauerschule

Der Herbst

Im Herbst werden die Blätter rot, braun, gelb und grün,
sie fallen herab.
Der Bach plätschert in seinem Bett vor sich hin,
die Eiche wirft ihre Eicheln ab.

Die Kinder spielen mit dem Laub
und lassen bunte Drachen steigen.

Stefanie Simon
8 Jahre, GS Johannesschule

Die diebische Möwe

Einst saß ich mit meinem Freund auf der Bank,
sie war sehr kurz, nicht wirklich lang.
Plötzlich kam eine Möwe im Sturzflug auf uns zu
und weg war unser Eis im Nu.

Wir sahen hinter ihr her,
wie sie verspeiste das Himbeereis.
Das war doch mal unsere Speis'!
Jetzt haben wir kein Dessert.

Florian Cussen
11 Jahre, Gymnasium der Benediktiner Meschede

Die Kastanie

Eine Kastanie hängt auf einem Baum,
sie ist braun, man sieht sie kaum.
Ihre Hülle ist spitz und stachelig
und auch irgendwie igelig.
Irgendwann, da fällt sie runter.
dann werden die Kinder ganz munter,
sie sammeln sie in Taschen
und werfen damit auf Flaschen.

Tom Nellius
8 Jahre, GS Sauerschule

Woher? Wohin?

Woher ich komme, weiß ich nicht.
Wohin ich gehe, ist mir egal.
Wen ich sehe, da acht' ich nicht drauf.
Was ich verstehe, kann keiner ahnen.
Und doch weiß ich,
wer ich bin.

Malte Mevissen
12 Jahre, Franz-Stock-Gymnasium

Die traurige Waschmaschine

Drehn, drehn, drehn,
ich muss mich immer drehn,
kann bald schon nichts mehr sehn.

Ich höre keine Glocken,
ich rieche nur noch Socken.
Ich rieche keine Rosen,
ich fühle nur noch Hosen.

Drehn, drehn, drehn,
ich will mich nicht mehr drehn.
Tut mir leid, du musst jetzt gehn.

Philipp Beleke
9 Jahre, GS Johannesschule

Sommerabend

Im Sommer ging ich in den Wald,
es wurde schon dunkel und war sehr kalt.
Ich hörte Stimmen, zwar leise bloß,
doch was ich dann sah, war famos:
Kleine Männchen mit spitzen Ohren und rotblauem Haar
lachten, hüpften, tanzten sogar!
Doch freche Gestalten stellten ein Bein,
das war wirklich sehr gemein!
Die Männchen stolperten, fielen hin,
das war eigentlich nicht der Sinn.
Die weißen Strumpfhosen wurden grau!
Ich weiß es, denn ich sah es genau!
Ich schlich mich fort und zwar ganz leise,
ich wollt sie nicht stören, auf gar keine Weise.

Elisa Kräling
8 Jahre, GS Sauerschule

Die Klette

Kleine Klette Stacheltier,
pass nur auf, das rat ich dir!
Sei du nicht so frech,
sonst schmeiß ich dich ins Gras hinein,
dann fängst du an zu schrei'n.

Lea Schowe
8 Jahre, GS Johannesschule

Die Trauerweide

Die Trauerweide steht am Wegesrand
und schaut verzweifelt übers Land.
Sie schluchzt: „Ich trauere schon den ganzen Tag,
weil keiner zu mir kommen mag.
Was könnte ich nur machen, das einer zu mir kommt?"
Da fällt ihr etwas ein, und sie sagt laut und prompt:
„Ich könnte ganz laut singen,
dass die Töne klingen,
ich könnte mich schön kleiden,
besser als andre Trauerweiden.

Mhhh...
Dann steh ich da in schönen Dingen
und das Gelächter wird nur klingen.
Warum bin ich nur so dumm?
Ich stehe denkend hier herum!
Doch ... Nein! Ich bin die Trauerweide
und trauere Tag für Tag.
Mich stört es überhaupt nicht,
dass keiner kommen mag!"

Alina Hamm
9 Jahre, GS Dinschede, Oeventrop

Der Wurm im Apfel

Ich habe ein kleines Haus,
aus dem guck ich manchmal heraus.
Ich habe genug zu essen,
langsam bin ich überfressen.

Der letzte Apfel, der war sauer,
das tat meinem Bauch weh – aua!
Dieser hier, der ist perfekt,
ein wirklich leckeres Objekt.

Ich bin so dick wie 'n Elefant,
das ist ja wirklich allerhand.
Vom Essen bin ich ziemlich schlapp,
hoffentlich nehme ich wieder ab.

Lea Wedepohl
11 Jahre, Gymnasium Laurentianum

Sieh auf die Natur:
Sie ist beständig in Aktion,
steht nie still,
und doch schweigt sie.

Mahatma Gandhi, 1869 – 1948

QUELLENVERZEICHNIS

AUSLÄNDER, ROSE: April, in: dies., Die Sichel mäht die Zeit zu Heu. Gedichte 1957-1965. © S.Fischer Verlag GmbH, Frankfurt am Main 1985 Frühjahr 2006

BALL, HUGO: Frühling, in: Annemarie Schütt-Hennings (Hg.), Gesammelte Gedichte mit Photos und Faksimiles, Zürich 1963, Frühjahr 2007

BRAMBACH, RAINER: Flugzeit, aus: Rainer Brambach, Gesammelte Werke, © 2003 Diogenes Verlag AG Züprich

BRECHT, BERTOLT: Das Frühjahr, in: Bertolt Brecht, Die Große kommentierte Berliner und Frankfurter Ausgabe. Band 14, ©Suhrkamp Verlag Frankfurt am Main 1993, Frühjahr 2006

BRECHT, BERTOLT: Morgendliche Rede an den Baum Green, in: Bertolt Brecht, Die Große kommentierte Berliner und Frankfurter Ausgabe. Band 11 ©Suhrkamp Verlag Frankfurt am Main 1988 Sommer 2008

BUSCH, WILHELM: Im Herbst, in: Gerd Haffmanns (Hg.), Wilhelm Busch. Die Gedichte, Zürich 2000, Herbst 2006

BUSCH, WILHELM: Im Sommer, in: Gerd Haffmanns (Hg.), Wilhelm Busch. Die Gedichte, Zürich 2000, Sommer 2007

CHAMISSO, ADALBERT VON: Der Sturm, in: Gedichte von Adalbert von Chamisso, Leipzig o.J., Herbst 2008

DAUTHENDEY, MAXIMILIAN: Die Amseln haben Sonne getrunken, in: ders., Das Herz singt auf zum Reigen, München o.J., S.37, Frühjahr 2007

DEHMEL, RICHARD FEDOR LEOPOLD: Der Frühlingskasper, in: Richard Dehmel. Gesammelte Werke in 3 Bänden, Band 1, Berlin 1918, Frühjahr 2008

DOMIN, HILDE: Herbst, in: dies., Gesammelte Gedichte, © S.Fischer Verlag GmbH, Frankfurt am Main 1987, Herbst 2006

DROSTE-HÜLSHOFF, ANNETTE VON: Winter, in: Annette Freiin von Droste-Hülshoff, Gesammelte Werke. Sonderausgabe in einem Band, Liechtenstein Verlag Vaduz o. J. ,Winter 2008

EICHENDORFF, JOSEPH FREIHERR VON: Liebe in der Fremde, in: Wolfdietrich Rasch (Hg.), Eichendorff – Werke in einem Band, Darmstadt 1988, Sommer 2005

EICHENDORFF, JOSEPH FREIHERR VON: Sehnsucht, in: Wolfdietrich Rasch (Hg.), Eichendorff – Werke in einem Band, Darmstadt 1988, Sommer 2005

ERHARDT, HEINZ: Der Herbst, in: Heinz Erhardt. Gesammelte Werke in 3 Bänden, 1. Band, Oldenburg 1997, Herbst 2006

FONTANE, THEODOR: O trübe diese Tage nicht, in: Walter Keitel (Hg.), Sämtliche Werke: Romane, Erzählungen, Gedichte: Sechster Band, München 1964, Herbst 2005

FONTANE, THEODOR: Mittag, in: Walter Keitel (Hg.), Sämtliche Werke: Romane, Erzählungen, Gedichte: Sechster Band, München 1964, Sommer 2007

GEIBEL,EMANUEL: Herbstlich sonnige Tage, in: Emanuel Geibels Werke in acht Bänden, Band 2 Stuttgart 1888, Herbst 2006

GOETHE, JOHANN WOLFGANG VON: Gefunden, in: Erich Trunz (Hg.), Johann Wolfgang von Goethe. Werke in 14 Bänden, Hamburg o.J., Bd. 1, Sommer 2005

GOETHE, JOHANN WOLFGANG VON: Gingo Biloba, in: Erich Trunz (Hg.), Johann Wolfgang von Goethe. Werke in 14 Bänden, Hamburg o.J., Bd.2, Sommer 2008

GOLL, YVAN: Schneemusik, in: Yvan Goll. Die Lyrik in vier Bänden. Band II. Liebesgedichte 1917 -1950, hg. u. kommentiert v. Barbara Glauert-Hesse im Auftrag der Fondation Yvan et Claire Goll, Saint-Dié-des-Vosges. © 1996 Argon Verlag GmbH, Berlin, S. 377 Alle Rechte bei und vorbehalten durch Wallstein Verlag, Göttingen, Winter 2005

HAHN, ULLA: Verregneter Sommer, in: dies., Herz über Kopf. Gedichte ©1981 Deutsche Verlags-Anstalt München in der Verlagsgruppe Random House GmbH, Sommer 2006

HEBBEL, FRIEDRICH: Sommerbild, in: Gerhard Fricke, Werner Keller und Karl Förnbacher (Hg.), Werke. Dritter Band, München 1965, S. 171; Sommer 2007

HEBBEL, FRIEDRICH: Herbstbild, in: Gerhard Fricke, Werner Keller und Karl Förnbacher (Hg.), Werke. Dritter Band, München 1965, S. 27; Herbst 2006

HEINE, HEINRICH: Im wunderschönen Monat Mai, in: Klaus Briegleb (Hg.), Heinrich Heine. Sämtliche Schriften in zwölf Bänden, Bd.1, S. 75, Frühjahr 2006

HEINE, HEINRICH: Leise zieht durch mein Gemüt, in: Klaus Briegleb (Hg.), Heinrich Heine. Sämtliche Schriften in zwölf Bänden, Bd.7, S. 301, Frühjahr 2007

HEINE, HEINRICH: Winter, in: Klaus Briegleb (Hg.), Heinrich Heine. Sämtliche Schriften in zwölf Bänden, Bd.7, S.407,Winter 2007

HESSE, HERMANN: Gestutzte Eiche, in: Hermann Hesse, Sämtliche Werke, Band 10, ©Suhrkamp Verlag Frankfurt am Main 2002, Sommer 2007

HEYM, GEORG: Herbst, in: ders., Der ewige Tag, Leipzig 1911, Herbst 2005

HOFFMANN VON FALLERSLEBEN, AUGUST HEINRICH: Des alten Baumes Fluch - Gesang, in: Gunter E. Grimm (Hg.), Deutsche Naturlyrik, Stuttgart 1995; Herbst 2005

HOFFMANN, HEINRICH: Die Geschichte vom fliegenden Robert, in: ders., Der Struwwelpeter. Geb. Ausgabe. Köln 2007, Herbst 2008

HOFMANNSTHAL, HUGO VON: Wolken, in: Rudolf Hirsch (Hg.): Hugo von Hofmannsthal. Ausgewählte Werke in zwei Bänden. Bd. 1. Gedichte und Dramen, Frankfurt/Main 1957, Herbst 2008

HÖLTY, LUDWIG CHRISTOPH HEINRICH: Frühlingslied; in: Hölty. Gedichte, Leipzig o.J., Frühjahr 2008

HOLZ, ARNO: Abklingendes Aprilgewitter, in: ders., Phantasus. Gedichte, Berlin 1898, Frühjahr 2008

HUCHEL, PETER: Blick aus dem Winterfenster, in: Peter Huchel, Gesammelte Werke. Die Gedichte. Band 1 ©Suhrkamp Verlag Frankfurt am Main 1984, Winter 2005

KÄSTNER, ERICH: Die Wälder schweigen, in: Doktor Erich Kästners lyrische Hausapotheke. Atrium Verlag Zürich, 1936 und Thomas Kästner. Herbst 2006

KELLER, GOTTFRIED: Winternacht, in: Clemens Heselhaus (Hg.), Sämtliche Werke und ausgewählte Briefe. Dritter Band, München 1958, S.87, Winter 2005

KEMPNER, FRIEDERIKE: Wintergemälde, in: Friederike Kempner. Gedichte, Berlin 1891, Winter 2005

KIRSCH, SARAH: Schlehen, in: Sarah Kirsch, Sämtliche Gedichte © 2005 Deutsche Verlags-Anstalt, München, in der Verlagsgruppe Random House GmbH, Herbst 2005

KLAJ, JOHANN: Vorzug des Frühlings, in: Max Wehrli (Hg.), Deutsche Barocklyrik, Zürich 1977, Frühjahr 2006

KLAJ, JOHANN: Vorzug des Frühlings, in: Conrad Wiedemann (Hg.), Friedensdichtungen und Kleine poetische Schriften, Tübingen 1968

KROWLOW, KARL: Wie der Schnee, in: ders., Gesammelte Gedichte, Band 3. ©Suhrkamp Verlag Frankfurt am Main 1985, Winter 2005

LASKER-SCHÜLER, ELSE: Die Verscheuchte, in: Else Lasker-Schüler, Werke und Briefe. Kritische Ausgabe. Gedichte. Band 1.1 ©Jüdischer Verlag im Suhrkamp Verlag Frankfurt am Main 1996, Winter 2008

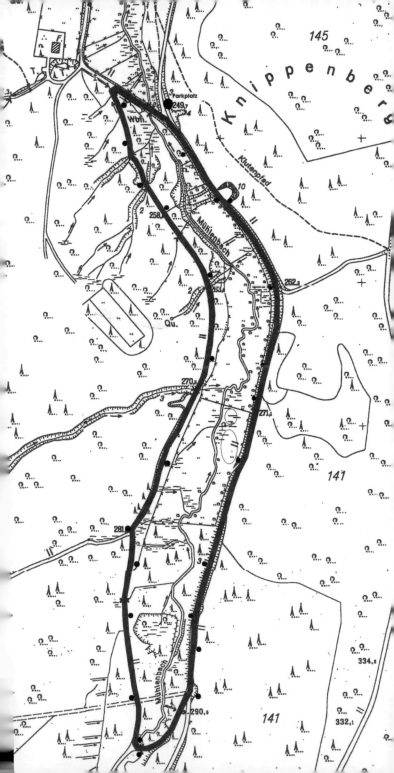

LENAU, NIKOLAUS: Auf dem Teich, in: Nikolaus Lenau, Gedichte, Stuttgart und Tübingen 1832, S. 69; Niémetz Lenau Ferencz Miklós (Pseudonym), In dos Daich, dos regungslose in: Jugend. 7. Jg. 1902, Nr.36, S.597 zitiert nach: Das Wasserzeichen der Poesie oder Die Kunst und das Vergnügen, Gedichte zu lesen. In hundertvierundsechzig Spielarten vorgestellt von Andreas Thalmayr, Nördlingen 1985, S.236f., Sommer 2005

LÖHN-SIEGEL, ANNA: Der Veilchenpflücker, in: Karl Schrattenthal (Hg.),: Unsere Frauen in einer Auswahl aus ihren Dichtungen. Poesie-Album zeitgenössischer Dichterinnen. Mit zwölf Porträts in Lichtdruck, Stuttgart 1888, Frühjahr 2006

LÖNS, HERMANN: Lauter kleine goldene Sonnen, in. Friedrich Castelle (Hg.), Gedichte, aus: Hermann Löns. Sämtliche Werke in acht Bänden. Erster Band Leipzig 1923, Sommer 2005

MANI, TATANGA: Weißt Du, dass die Bäume reden, in: Weisheit der Indianer- Vom Leben im Einklang mit der Natur, München 1995, Sommer 2008

MEYER, CONRAD FERDINAND: Jetzt rede du, in: Conrad Ferdinand Meyer. Sämtliche Werke in zwei Bänden. Band 2, München 1968, Sommer 2008

MORGENSTERN, CHRISTIAN: Septembertag, in: ders., Uns aber ründet sich ein Kranz, Berlin 1902, Herbst 2006

MORGENSTERN, CHRISTIAN: Erster Schnee, in: ders., Uns aber ründet sich ein Kranz, Berlin 1902 Winter 2007

MORGENSTERN, CHRISTIAN: Die drei Spatzen, in: Christian Morgenstern. Gesammelte Werke in einem Band, München Winter 2007

MÖRIKE; EDUARD: Um Mitternacht, in: Herbert G. Göpfert (Hg.), Eduard Mörike. Werke in einem Band, München-Wien 1993, Sommer 2007

NOVALIS (VON HARDENBERG; FRIEDRICH): Es sind nicht die bunten Farben, in: Novalis. Werke, kommentiert und herausgegeben von Gerhard Schulz, München 1998, Frühjahr 2007

RILKE, RAINER MARIA: Advent, in: ders., Ein Sammelband, Leipzig 1898, Winter 2005

RILKE, RAINER MARIA: Herbsttag, in: ders., Ein Sammelband, Leipzig 1898, Herbst 2006

RILKE, RAINER MARIA: Vorfrühling, in: Rainer Maria Rilke. Sämtliche Werke in 6 Bänden. Besorgt von Ernst Zinn, Frankfurt/Main 1955, Bd. 1, Frühjahr 2008

RINGELNATZ, JOACHIM: Sommerfrische, in: Ringelnatz in kleiner Auswahl als Taschenbuch, Berlin 1978, Sommer 2006

SCHILLER, FRIEDRICH: Der Baum, in: Friedrich Schiller. Sämtliche Werke Band 1, München 1962, Sommer 2008

SEATTLE, NOAH: Wir sind ein Teil der Erde, Rede des Häuptlings Seattle an den Präsidenten der Vereinigten Staaten von Amerika im Jahr 1855, aus d. Amerikanischen neu übertragen von Meike Breitkreutz, Anaconda Verlag 2007, Sommer 2005

SEIDEL, HEINRICH: November, in: ders., Natursänger. Gedichte, Berlin 1888, Herbst 2005

SHAKESPEARE, WILLIAM: Sonett XVIII, in: Christa Schuenke (Hg.), William Shakespeare: The Sonnets / Die Sonette, München 1999, Sommer 2007

STOECKLIN, FRANCISCA: Südlicher Frühling, in: Beatrice Mall-Gall (Hg.), Francisca Stoecklin. Lyrik und Prosa, Bern-Stuttgart-Wien 1994, Frühjahr 2008

STORM, THEODOR: Herbst, in: Hermann Engelhard (Hg.), Theodor Storm, Sämtliche Werke in drei Bänden, Essen o.J., Bd.1, Herbst 2006

STORM, THEODOR: Oktoberlied, in: Hermann Engelhard (Hg.), Theodor Storm, Sämtliche Werke in drei Bänden, Essen o.J., Bd.1, Herbst 2006

STRITTMATER, EVA: Vor einem Winter, in: dies., Ich mach ein Lied aus Stille. Gedichte, Aufbau-Verlag Berlin und Weimar, 1973, © Aufbau Verlag GmbH & Co. KG, Berlin 1973, Winter 2008

THOMA, LUDWIG: Frühlingsahnen, in: Ludwig Thoma. Gesammelte Werke in sechs Bänden. Band 6, München 1968, Frühjahr 2007

TRAKL, GEORG: Der Gewitterabend, in: Georg Trakl. Das dichterische Werk. München 1972, Herbst 2008

TUCHOLSKY, KURT: Herbst, in: M. Gerold-Tucholsky; Fritz J. Raddatz (Hg.), Kurt Tucholsky. Gesammelte Werke in 10 Bänden, Reinbek b. Hamburg 1975, Band 8, Herbst 2006

TUCHOLSKY, KURT: Dreißig Grad, in: Die Weltbühne Nr.34, Sommer 2006

WAGGERL, KARL HEINRICH: Scharbockskraut, in: ders., Heiteres Herbarium © Otto Müller Verlag, 43.Auflage, Salzburg 1993, Frühjahr 2007

WEISSE, CHRISTIAN FELIX: Der Sturm, in: Anonymus (i.e. Weisse), Scherzhafte Lieder, Leipzig 1758, Herbst 2008

AUTORINNEN UND AUTOREN

(Teilnehmer an Workshops der Literarischen Gesellschaft Arnsberg, die mit ihren Texten im Winter 2006 und im Herbst 2007 den Poesie-Pfad gestaltet haben.)

AHLBORN, RITA: Haikus, Winter 2006
BELEKE, PHILIP: Waschmaschine, Herbst 2007
BLANKE, WOLFRAM: Winter-Schicksal, Winter 2006
BOUCSEIN, WOLFGANG: Der Eisteich, Winter 2006
CUSSEN, FLORIAN: Die diebische Möwe, Herbst 2007
DAHME, JOSEF: Winterimpressionen, Winter 2006
DONSE, CARMEN: Winterzeit, Winter 2006
EWERS, ALMUTH: Igel / Elfenreigen, Herbst 2007
HAMM, ALINA: Trauerweide, Herbst 2007
HEGER, JANINE: Feenfest, Herbst 2007
HENZE, WILHELM K.H.: Richt Euch, Winter 2006
HORST, LUISA: Mein Freund Bert / Spinnennetz, Herbst 2007
IHME, EILEEN: Der Herbst, Herbst 2007
KLEMENZ, LEA: Blätter, Herbst 2007
KOLPREHAJ, ANNA-MARIA: Die Natur, Herbst 2007
KRÄLING, ELISA: Sommerabend, Herbst 2007
KRAMER, THERESA: Elfenfest, Herbst 2007
LEHMKÜHLER, ANNA LENA: Kamillentee, Herbst 2007
MEVISSEN, MALTE: Schmetterling, Herbst 2007
MOSER, HANNELORE: Winterankunft, Winter 2006
NELIUS, KATHARINA: Der Herbst, Herbst 2007
NELIUS, TOM: Die Kastanie, Herbst 2007
REICHEL, CHRISTEL: Der unbekannte Weg, Winter 2006
REKATE, DIETHARD: Trennung, Winter 2006
REUSS-RICHTER, EVA: Winterwald, Winter 2006
SATU: Winteridylle, Winter 2006
SCHNOCK, DANIEL: Auf Dich warten, Winter 2006
SCHOWE, LEA: Klette / Katz und Maus, Herbst 2007
SCHOWE, MARKUS: Im Frühling irgendwann, Winter 2006
SIMON, LISA: Der Herbst, Herbst 2007
SIMON, STEFANIE: Katze, Herbst 2007
WALDECKER, MARKUS: Herbst, Herbst 2007
WALDECKER, NICOLE: Herbst, Herbst 2007
WEDEPOHL, LEA: Wurm, Herbst 2007

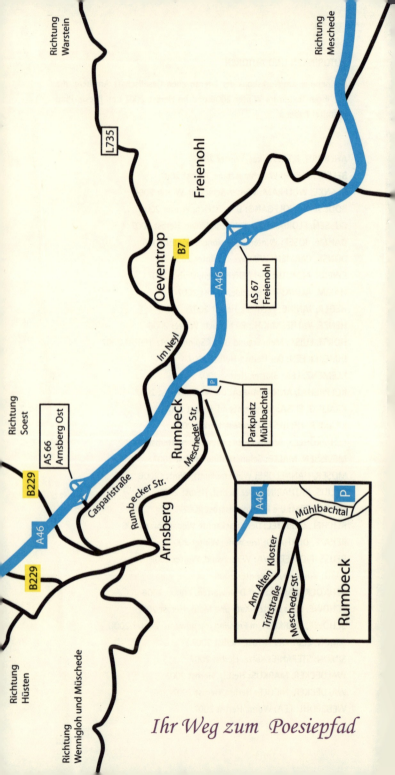

Ihr Weg zum Poesiepfad